Friedrich Jaennicke

Marken und Monogramme auf Fayence, Porzellan, Steinzeug

und sonstigen keramischen Erzeugnissen

Friedrich Jaennicke

Marken und Monogramme auf Fayence, Porzellan, Steinzeug
und sonstigen keramischen Erzeugnissen

ISBN/EAN: 9783743403994

Hergestellt in Europa, USA, Kanada, Australien, Japan

Cover: Foto ©Thomas Meinert / pixelio.de

Manufactured and distributed by brebook publishing software (www.brebook.com)

Friedrich Jaennicke

Marken und Monogramme auf Fayence, Porzellan, Steinzeug

Marken und Monogramme

auf
Fayence, Porzellan, Steinzeug
und sonstigen
Keramischen Erzeugnissen.

Separat-Abdruck aus
Grundriss der Keramik
mit Bezug auf das Kunstgewerbe
von den ältesten Zeiten bis auf die Gegenwart
von
· Friedrich Jaennicke ·

Stuttgart.
Verlag von Paul Neff.
1878

VORREDE.

Die vorliegende Sammlung von Marken und Monogrammen ist wohl die vollständigste bis dahin veröffentlichte. Der Schwerpunkt derselben liegt selbstverständlich in den der Fayence, mit Einschluss der Majolica, dem Steinzeug und dem weichen und harten Porzellan angehörigen Zeichen, und wenn auch eingehendere Kenntnisse in Betreff derselben in den meisten Fällen nur durch den „Grundriss der Keramik", dessen Anhang diese Sammlung bildet, vermittelt werden können, so dürfte sie denjenigen, welchen, auf nähere Details verzichtend, das flüchtige Nachschlagen nach dem Ursprung der Marke genügt, eine willkommene Erscheinung sein.

Da die Disposition derjenigen des Hauptwerkes entspricht, so sind, der Verschiedenheit der Zeit entsprechend, die Marken desselben Landes zwar nicht in ununterbrochener Folge angebracht, aber das beigegebene Inhaltsverzeichniss wird sofort auf die betreffenden Nummern hinleiten. Von einem speziellen alphabetischen Markenregister, welches nach meiner Erfahrung höchst überflüssig ist und das Suchen vielfach mehr erschwert als erleichtert, habe ich abgesehen, dagegen wird ein die Orte, Fabrikanten und Künstler umfassendes Register dessfallsige raschere Auskunft bieten.

Die vielfach erweiterte Grundlage der Sammlung bildet Chaffers' Markenbuch: The Collectors Handbook of Marks and Monograms, und hat der Herr Verleger von dem genannten Autor das Reproductionsrecht gekauft, was ich hier, den in der keramischen Literatur so häufig in gehässiger Weise sich breit machenden Verdächtigungen der Autoren, in Betreff Markenplagiats, ausdrücklich betonen will, obgleich eine auf mitunter sehr zahlreichen Gefässen oder selbst auf einem Unicum vorkommende Marke, in keiner Weise Anspruch auf geistiges Eigenthum zu erheben vermag. Ausser Jacquemart habe ich in einigen Fällen die Arbeiten von Demmin und Grässe benutzt.

Mainz, den 1. Januar 1878.

F. Jaennicke.

ZUR ORIENTIRUNG.

Bezüglich der Marken ohne nähere Angaben ist, besonders soweit der Ort in Betracht kommt, stets auf die zunächst folgenden Nummern zu verweisen.

REGISTER
ZU DEM
MARKEN-VERZEICHNISS.

I.

Allgemeines Register.

Belgien, Fayence, M. 1571—1585.
    Frittenporzellan, M. 1765—1768.
    Porzellan, M. 2320—2325.
    XIX. Jahrhundert, M. 2534—2536.
China, M. 9—152.
Dänemark, Porzellan, M. 2333—2335.
    XIX. Jahrhundert, M. 2538.
Deutschland, Kachelöfen, M. 589—593.
    Steinzeug, M. 616—670.
    Fayence, M. 671—677. 1963—2116.
    XIX. Jahrhundert, M. 2488—2505.
England, Renaissance, M. 684—700.
    Fayence, Steinzeug etc., M. 1621—1712.
    Frittenporzellan, M. 1772—1894.
    Porzellan, M. 2363—2378.
    XIX. Jahrhundert, M. 2460—2476.
Frankreich, Renaissance-Arbeiten, M. 560-566.
    Oiron-Fayence, M. 568—574.
    Nevers-Majoliken, M. 575—588.
    Fayence, M. 701—1109,[1] 2641—2643.
    Frittenporzellan, M. 1713—1764.
    Porzellan, M. 2117—2300.
    XIX. Jahrhundert, M. 2379—2459.
Holland, Fayence, M. 1376—1570, 2542—2640.
    Porzellan, M. 2301—2310.

[1] M. 848—850 gehören nach neueren Forschungen Delft an.

Japan, M. 153—174.
Italien, Robbia-Arbeiten, M. 190—191. Majoliken, M. 192—554.
    Medici-Porzellan, M. 555—558.
    Fayence, M. 1110—1251.
    Frittenporzellan, M. 1895—1946.
    XIX. Jahrhundert, M. 2477—2487. 2645.
Österreich, XIX. Jahrhundert, M. 2506—2521.
Persien, M. 1—8.
Portugal, Porzellan, M. 2362.
    XIX. Jahrhundert, M. 2527—2532.
Rom, Samische Waare, M. 175—184.
Russland, Fayence, M. 1620.
    Porzellan, M. 2336—2355.
    XIX. Jahrhundert, M. 2540—2541.
Schweden, Fayence, M. 1599—1619.
    Frittenporzellan, M. 1770—1771.
    Porzellan, M. 2356—2361.
    XIX. Jahrhundert, M. 2539.
Schweiz, Kachelöfen, M. 595—615.
    Fayence, M. 678—683.
    Porzellan, M. 2326—2332.
    XIX. Jahrhundert, M. 2537.
Spanien, Fayence, M. 1586—1595.
    Frittenporzellan, M. 1947—1962.
    XIX. Jahrhundert, M. 2522—2526.
Spanisch-maurische Fayence, M. 185—189.

II.
Orts-Register.

Alcora, Fayence, M. 1586—1590.
  Frittenporzellan, M. 1947.
Altenrohlau, Fayence, M. 1324.
  XIX. Jahrhundert, M. 2521.
Althaldensleben, Porzellan, M. 2098.
Amstel, Porzellan, M. 2310—2315.
Amsterdam, Fayence, M. 1445.
  Porzellan, M. 2316.
Andennes, XIX. Jahrhundert, M. 2534—2535.
Angoulême, Fayence, M. 1010.
Anspach, Fayence, M. 1252.
  Porzellan, M. 1994—2000.
Aprey, Fayence, M. 878—885.
Apt, Fayence, M. 1047.
Arbois, Fayence, M. 913.
Arnstadt, Fayence, M. 1253. 1323.
  Porzellan, M. 2100.
Arras, Frittenporzellan, M. 1756.
Asolo, Fayence, M. 499.
Augsburg, Kachelöfen, M. 590.
Auspitz, Fayence, M. 1254.
Baden, Porzellan, M. 2005.
Bagniorea, Fayence, M. 1110.
Baireuth, Fayence, M. 1256—1262.
  Porzellan, M. 2001—2003.
Baranowka, Porzellan, M. 2355.
Bassano, Majoliken und Fayence, M. 505. 1111 bis 1112.
Bayeux, XIX. Jahrhundert, M. 2379.
Beauvais, Steinzeug, M. 560—561.
Belle, Fayence, M. 822.
Belleek, XIX. Jahrhundert, M. 2460.
Bergerac, Fayence, M. 1004.
Bern, Kachelöfen, M. 600.
Berlin, Porzellan, M. 2011—2019.
Blois, XIX. Jahrhundert, M. 2380.
Boissette, Porzellan, M. 2224.
Boulogne, XIX. Jahrhundert, M. 2382.
Bourg-la-Reine, Fayence, M. 857—858.
  Frittenporzellan, M. 1754—1755.
  Porzellan, M. 2278.
  XIX. Jahrhundert, M. 2383—2384.
Bordeaux, Fayence, M. 1001—1003.
  XIX. Jahrhundert, M. 2381.
Borgo San Sepolcro, Fayence, M. 1113—1114.
Bow, Frittenporzellan, M. 1772—1780.
Breitenbach, Porzellan, M. 2088.
Bristol, Fayence, M. 1695—1696.
  Porzellan, M. 2369—2378.

Bruges, Fayence, M. 1576.
Brüssel, Porzellan, M. 2320—2325.
Buen Retiro, Frittenporzellan, M. 1948—1961.
Burslem, Steinzeug, Fayence etc., M. 1621-1635
  XIX. Jahrhundert, M. 2461.
Busi, Fayence, M. 1115.
Caen, Porzellan, M. 2273—2275.
Caldas, XIX. Jahrhundert, M. 2527.
Candiana, Majoliken und Fayence, M. 507, 1116 bis 1117.
Capo di Monte, Fayence, M. 1118—1119.
  Frittenporzellan, M. 1918—1924.
Casamene, XIX. Jahrhundert, M. 2387.
Cassel, Porzellan, M. 2092.
Castel Durante, Majoliken und Fayence, M. 304 bis 317. 1223—1227.
Castelli, Majoliken und Fayence, M. 531—535, 1120—1151.
Castleford, Fayence, M. 1691.
Caughley, Fayence, M. 1639—1640.
  Frittenporzellan, M. 1852—1865.
Chaffagiolo, Majoliken, M. 194—214.
Chantilly, Fayence, M. 876.
  Frittenporzellan, M. 1727—1729.
  XIX. Jahrhundert, M. 2385—2386.
Charlottenburg, Porzellan, M. 2020—2021.
Chatilhon, Fayence, M. 998.
  Porzellan, M. 2276.
Chaumont, Fayence, M. 1027—1030.
Chelsea, Frittenporzellan, M. 1781—1786.
Choisy-le-Roy, Porzellan, M. 2262.
Cilly, XIX. Jahrhundert, M. 2506.
Citta di Castello, Mezza Majolica, M. 192.
Clermont-Ferrand, Fayence, M. 1012.
Clignancourt, Porzellan, M. 2211—2220.
Coalport, Frittenporzellan, M. 1869—1872.
Cobridge, Fayence etc., M. 1616—1619.
Colebrookdale, Frittenporzellan, M. 1866-1868.
Cöln, Fayence, M. 1263.
Courcelles, Fayence, M. 1020—1021.
Creil, XIX. Jahrhundert, M. 2388.
Crenssen, Steinzeug, M. 664—669.
Damm, Steingut, M. 2488.
Dangu, Fayence, M. 818.
Delft, Fayence, M. 848—850. 1376—1444. 2512—2640.
Derby, Frittenporzellan, M. 1787—1815.
Deruta, Majoliken und Fayence, M. 457—473, 1153—1152.

ORTS-REGISTER.

Desvre, Fayence, M. 819—820.
Doccia, Frittenporzellan, M. 1911—1917.
  XIX. Jahrhundert, M. 2645.
Doncaster, Fayence, M. 1700—1702.
Dublin, Fayence etc., M. 1698—1699.
  Frittenporzellan, M. 1893.
Eisenach, XIX. Jahrhundert, M. 2489—2490.
Elnbogen, Porzellan, M. 2520.
Epernay, Fayence, M. 886—887.
Este, Fayence, M. 1154.
  Frittenporzellan, M. 1934.
Etiolles, Frittenporzellan, M. 1751.
  Porzellan, M. 2185.
Etruria, Fayence, Steinzeug, M. 1621—1631.
Fabriano, Majoliken, M. 475.
Faenza, Majoliken, M. 225, 227—229.
Ferrara, Fayence, M. 1155.
Ferrybridge, Fayence, M. 1692—1693.
Flörsheim, Fayence, M. 1264.
Florenz, Fayence, M. 554.
  Medici-Porzellan, M. 555—558.
Forli, Majoliken, M. 280—284, 290.
Frankenthal, Fayence, M. 1265—1268.
  Porzellan, M. 2026—2034.
Frain, Fayence, M. 1255.
Fürstenberg, Porzellan, M. 2007—2009.
Fulda, Porzellan, M. 2090—2091.
Gennep, Fayence, M. 1269—1274.
Genua, Fayence, M. 508—509, 1156—1158.
Gera, Porzellan, M. 2085—2087.
Gerona, Frittenporzellan, M. 1962.
Gien, XIX. Jahrhundert, M. 2389—2390.
Göggingen, Fayence, M. 1275.
Gotha, Porzellan, M. 2094—2097.
Goult, Fayence, M. 1048—1049.
Grenzhausen, Steinzeug, M. 2491.
Grossbreitenbach, Porzellan, M. 2069—2074.
Grünstadt, Porzellan, M. 2035—2037.
Gubbio, Majoliken und Fayence, M. 400—456, 2477—2478.
Gustavsberg, XIX. Jahrhundert, M. 2539.
Haag, Porzellan, M. 2317—2319.
Hadensee, Fayence, M. 1276—1277.
Hagenau, Fayence, M. 911.
Hamburg, Fayence, M. 1278.
Hanau, Fayence, M. 1279.
Hanley, Fayence, M. 1641—1645, 2162.
Helsinberg, Fayence, M. 1619.
Herend, Porzellan, M. 2508.
Hildesheim, Porzellan, M. 2066.
Höchst, Fayence, M. 1280—1284.
  Porzellan M. 2005—2006.
Höhr, Steinzeug, M. 648—649.

Hollitsch, Fayence, M. 1285—1287.
Houda, Fayence, M. 1447.
Hornberg, Fayence, M. 2492.
Hull, Fayence, M. 2463.
Ilmenau, Porzellan, M. 2089.
Isleworth, Frittenporzellan, M. 1894.
Kelsterbach, Porzellan, M. 2056.
Kiel, Fayence, M. 1289—1295.
Kiew, Fayence, M. 1620.
Kloster Veilsdorf, Porzellan, M. 2083—2084.
Kopenhagen, Porzellan, M. 2333—2335.
  XIX. Jahrhundert, M. 2538.
Korzec, Porzellan, M. 2352—2354.
Künersberg, Fayence, M. 1296—1297.
Laforest, Fayence, M. 1163.
Lambeth, Steinzeug, M. 696—698.
Lane Delph, Fayence, M. 1697.
  Frittenporzellan, M. 1887—1890.
Lane End, Fayence, M. 1650—1654.
  XIX. Jahrhundert, M. 2169.
Langeais, XIX. Jahrhundert, M. 2392.
Leeds, Fayence, M. 1655—1662.
Ligron, Fayence, M. 1022.
Lille, Fayence, M. 823—836, 2641.
  Frittenporzellan, M. 1703—1726.
  Porzellan, M. 2243—2246.
Limbach, Porzellan, M. 2075—2082.
Limoges, Fayence, M. 1043.
  Porzellan, M. 2203—2205.
  XIX. Jahrhundert, M. 2393.
Lissabon, XIX. Jahrhundert, M. 2528—2531.
Liverpool, Fayence, M. 1663—1671.
Llanelly, XIX. Jahrhundert, M. 2470.
Lodi, Fayence, M. 1164—1167.
Longport, Fayence, M. 1672—1677.
Loosdrecht, Porzellan, M. 2306—2309.
Loreto, M. 477.
Lowesby, XIX. Jahrhundert, M. 2471.
Ludwigsburg, Porzellan, M. 2045—2055.
Lunéville, Fayence, M. 895—898.
Lutri, Fayence, M. 602.
Maastricht, XIX. Jahrhundert, M. 2536.
Mailand, Fayence, M. 1168—1179.
  XIX. Jahrhundert, M. 2483—2485.
Malines, Fayence, M. 1575.
Malta, XIX. Jahrhundert, M. 2533.
Manises, Fayence, M. 1591.
Marans, Fayence, M. 1006—1008.
Marieberg, Fayence, M. 1610—1617.
  Frittenporzellan, M. 1770—1771.
  Porzellan, M. 2356—2361.
Marseille, Fayence, M. 978—995.
  Porzellan, M. 2138—2142.

Martres, Fayence, M. 999.
Mathaut, Fayence, M. 877.
Marzy, Fayence, M. 2394.
Mée, XIX. Jahrhundert, M. 2395.
Meillonas, Fayence, M. 914—915.
Meissen, Porzellan, M. 1963—1993.
Memmingen, Fayence, M. 677.
Mennecy-Villeroy, Fayence, M. 865.
    Frittenporzellan, M. 1731.
Mettlach, Steinzeug, Fayence etc., M. 2503.
Meudon, Fayence, M. 864.
Middlesboro, XIX. Jahrhundert, M. 2472-2473.
Moabit, Porzellan, M. 2022.
Mondovi, Fayence, M. 1180.
Montelupo, Mezza Majolica, M. 219—,24.
Montereau, XIX. Jahrhundert, M. 2396.
Montet, XIX. Jahrhundert, M. 2401.
Montreuil, XIX. Jahrhundert, M. 2397.
Moulins, Fayence, M. 1039—1041.
Moustiers, Fayence, M. 916—971.
Moskau, Porzellan, M. 2347—2351.
Nancy, XIX. Jahrhundert, M. 2398.
Nantgarw, Frittenporzellan, M. 1891—1892.
Neapel, Fayence, M. 526—533, 1181—1185.
    XIX. Jahrhundert, M. 2479—2482.
Nevers, Majoliken und Fayence, M. 575—588, 1031—1038.
    XIX. Jahrhundert, M. 2399.
Neuhaus, Porzellan, M. 2010.
Niederweiler, Fayence, M. 883—894.
    Porzellan, M. 2175—2184.
Nismes, XIX. Jahrhundert, M. 2446.
Nottingham, Fayence, M. 1678.
Nove, Fayence, M. 1186—1196.
    Frittenporzellan, M. 1935—1946.
Nürnberg, Fayence, M. 1298—1315.
    XIX. Jahrhundert, M. 2497.
Nymphenburg, Porzellan, M. 2038—2044.
Nyon, Porzellan, M. 2328—2332.
Ognes, Fayence, M. 875.
Oiron, Fayence, M. 568—574.
Olomoucan, XIX. Jahrhundert, M. 2507.
Onnaing, XIX. Jahrhundert, M. 2400.
Orléans, Fayence, M. 1024—1026.
    Frittenporzellan, M. 1750.
    Porzellan, M. 2131—2136.
Padua, Majoliken, M. 501—504.
Palermo, Majoliken, M. 536.
Passau, Steinzeug, M. 670.
Pavia, Fayence, M. 1202—1203.
Perugia, Majoliken, M. 474.
Pesaro, Majoliken und Fayence, M. 292—303, 1197—1201.

Petersburg, Porzellan, M. 2336—2346.
Pirkenhammer, Porzellan, M. 2513—2515.
Plauen, Porzellan, M. 2498.
Plymouth, Porzellan, M. 2363—2367.
Poitiers, Fayence, M. 1012—1013.
Ponteinx, Porzellan, M. 2272.
Poppelsdorf, Fayence, M. 1325.
Porto, Fayence, M. 1597—1598.
    XIX. Jahrhundert, M. 2532.
Poupre, Fayence, M. 977.
Prag, XIX. Jahrhundert, M. 2516.
Premières, XIX. Jahrhundert, M. 2440—2443.
Proskau, XIX. Jahrhundert, M. 2499.
Paris, Fayence, M. 564—565, 851—852.
    Frittenporzellan, M. 1720, 1730.
    Porzellan, M. 2128—2130, 2137, 2189—2202, 2208—2210, 2222—2223, 2225 bis 2238, 2240—2242, 2247—2257, 2263—2271, 2277, 2279—2300.
Quimper, Fayence, M. 1018—1019.
Raeren, Steinzeug, M. 629—647, 650—661.
Ramberweiler, Fayence, M. 900.
Rauenstein, Porzellan, M. 2067.
Ravenna, Fayence, M. 289—291.
Regensburg, Porzellan, M. 2093.
    Steinzeug, M. 2644.
Rénac, Fayence, M. 1011.
Rennes, Fayence, M. 1014—1017.
Rimini, Fayence, M. 285—288.
Rochelle, Fayence, M. 1009.
Roerstrand, Fayence, M. 1599—1602.
Rom, Fayence, M. 478—480, 1204—1205.
Rouen, Fayence, M. 569, 701—816.
    Frittenporzellan, M. 1713—1715.
Rotterdam, Fayence, M. 1446.
Rubelles, XIX. Jahrhundert, M. 2444—2445.
Rudolstadt, Porzellan, M. 2057—2061.
Saargemünd, Fayence, M. 901, 2500—2502.
Salisbury, Fayence, M. 688.
Salopian, Fayence, M. 1636—1640.
Saint-Amand, Fayence, M. 843—847, 2447.
Saint-Amans, XIX. Jahrhundert, M. 2391.
Saint-Clément, Fayence, M. 899, 2448—2450.
Saint-Cloud, Fayence, M. 861.
    Frittenporzellan, M. 1716—1719, 1721 bis 1722.
Saint-Jean de Maurienne, Fayence, M. 1162.
Saint-Longe, Fayence, M. 1023.
Saint-Omer, Fayence, M. 821.
Saint-Vérain, Fayence, M. 566.
Sainte-Foy, Fayence, M. 817.
Saintes, Fayence, M. 1005.
San Giorgio, Fayence, M. 1161.

ORTS-REGISTER.

San Marco Brusa Porco, Fayence, M. 559.
San Miniatello, Majoliken, M. 226.
San Quirico, Majoliken, M. 1213.
Sanct Blasien, Fayence, M. 912.
Sanct Georgen, Fayence, M. 1319.
Sargadelos, Fayence, M. 2525.
Savona, Fayence, M. 510—525, 1206—1212.
Ceaux, Fayence, M. 853—856.
    Frittenporzellan, M. 1177—1749.
    Porzellan, M. 2239.
Schaffhausen, Fayence, M. 1326—1327.
    XIX. Jahrhundert, M. 2537.
Schlaggenwald, Porzellan, M. 2517—2518.
Schramberg, Fayence, M. 2501.
Schrezheim, Fayence, M. 1316—1318.
Segovia, Fayence, M. 2526.
La Seinie, Porzellan, M. 2207.
Septfontaines, Fayence, M. 1448—1450, 2493 bis 2496.
Sevilla, Fayence, M. 1592—1593, 1596, 2522 bis 2524.
Sèvres, Fayence, M. 862—863.
    Porzellan, M. 2151—2174.
    Zeit-Tabelle, M. 1736.
    Verzeichniss der Maler und Decorateure, M. 1737—1746.
    XIX. Jahrhundert, M. 2451.
Shelton, Porzellan, M. 2368.
    XIX. Jahrhundert, M. 2464—2468.
Siegburg, Steinzeug, M. 617—628, 662—663.
Siena, Majoliken und Fayence, M. 215—218, 1214—1220.
Sinceny, Fayence, M. 866—874.
Solothurn, Fayence, M. 1328.
Staffordshire, Toftschüsseln etc., M. 689—695.
    Fayence, M. 1703—1712.
Stawsk, XIX. Jahrhundert, M. 2540—2541.
Steckborn, Fayence, M. 599.
Stoke upon Trent, Fayence etc., M. 1679—1681.
    Frittenporzellan, M. 1880—1886.
    XIX. Jahrhundert, M. 2474—2475.
Stockholm, Fayence, M. 1603—1609.
Stralsund, Fayence, M. 1320—1322.
Strassburg, Fayence, M. 902—910.
    Porzellan, M. 2117—2127.
Swansea, Fayence, M. 1682—1685.
    Frittenporzellan, M. 1873—1879.
Swinton, Fayence, M. 1686—1688.
Tavernes, Fayence, M. 975—976.
Teinitz, Fayence, M. 1288.
Tervueren, Fayence, M. 1574.
Toul, XIX. Jahrhundert, M. 2452.
Toulouse, Fayence, M. 996—997.
    XIX. Jahrhundert, M. 2453.
Tour d'Aigues, Fayence, M. 1050—1052.
    Frittenporzellan, M. 1752—1753.
Tournay, Fayence, M. 1571—1573.
    Frittenporzellan, M. 1765—1769.
Tours, Fayence, M. 1014—1046.
    XIX. Jahrhundert, M. 2454—2455.
Tunstall, XIX. Jahrhundert, M. 2476.
Turin, Fayence, M. 537—540, 1220—1222.
    XIX. Jahrhundert, M. 2486—2487.
Treviso, Fayence, M. 500, 1219b.
    Frittenporzellan, M. 1931—1932.
Urbania, Fayence, M. 1223—1227.
Urbino, Majoliken und Fayence, M. 318—399, 1228—1230.
Uzès, XIX. Jahrhundert, M. 2456.
Val sous Meudon, XIX. Jahrhundert, M. 2457.
Valencia, Fayence, M. 1594—1595.
Valenciennes, Fayence, M. 837—842.
    Porzellan, M. 2258—2260.
Varages, Fayence, M. 972—974.
Vauvert, Fayence, M. 1000.
Vaux, Fayence, M. 2186.
Venedig, Majoliken und Fayence, M. 481—498, 1231—1236.
    Frittenporzellan, M. 1895—1910.
Verona, Fayence, M. 506.
Vicenza, Frittenporzellan, M. 1933.
Villingen, Fayence, M. 591—593.
Vincennes, Fayence, M. 859—860.
    Frittenporzellan, M. 1732—1734.
    Porzellan, M. 2143—2150.
Vinovo, Frittenporzellan, M. 1925—1930.
Vista Alegre, Porzellan, M. 2362.
Viterbo, Fayence, M. 476.
Voisinlieu, Steinzeug, M. 2458—2459.
Volkstedt, Porzellan, M. 2062—2065.
Wallendorf, Porzellan, M. 2068.
Weesp, Porzellan, M. 2301—2305.
Wien, Porzellan, M. 2001.
Winterthur, Fayence, M. 595—611, 682—683, 1329.
Worcester, Frittenporzellan, M. 1816—1851.
Wrotham, Fayence etc., M. 684—687.
Würzburg, Porzellan, M. 2099.

III.
Namen-Verzeichniss.

Aaron, M., in Chantilly, M. 2385.
Abbey, R., in Liverpool, M. 1665—1668.
Absolon in Yarmouth, M. 1689—1690.
Amsterdam, van, L., in Delft, M. 1456, 1491, 1495, 1514, 2600.
Andreoli, Giorgio, in Gubbio, M. 402—426.
Antonibon, G. B., in Nove, M. 1186—1192.
Appel, den, J., in Delft, M. 1397, 2622.
Aubry, J., in Toul, M. 2452.
Avelli, Fra Xanto, in Urbino, M. 340—359.
Avisseau, V., in Tours, M. 2454.
Aynsley, in Lane End, M. 1651.
Baan, J., in Delft, M. 1440.
Barbizet, A., in Paris, M. 2402.
Beek, van, W., in Delft, M. 1433.
Benedetto in Siena, M. 216.
Berg, de, C., in Delft, M. 1499, 2601—2602.
Berg, de, J., in Delft, M. 1391—1393.
Bettignies, de, M., in S. Amand, M. 2447.
Beyerle in Niederweiler, M. 888—889.
Bidot, A., in Paris, M. 2423—2424.
Bing & Grøndahl in Kopenhagen, M. 2538.
Bloor in Derby, M. 1807—1811.
Boch in Septfontaines, M. 1448—1450, 2493 bis 2496.
Bonnefoy in Marseille, M. 988.
Boender, M., in Delft, M. 2599.
Borne in Nevers, M. 582—583.
Borrelli, M. A., in Savona, M. 1210.
Bosse, Helene, in Paris, M. 2426.
Bouquet, M., in Paris, M. 2427—2428.
Bourdu, J., in Nevers, M. 581.
Boussemart in Lille, M. 824—829.
Bowers, G. F., in Tunstall, M. 2476.
Brameld in Swinton, M. 1687—1688.
Branca-Lauraguais in Paris, M. 2128—2130.
Brion, E., in S. Vérain, M. 566.
Brouwer, A., in Delft, M. 2589.
Brouwer, G., in Delft, M. 1431.
Brouwer, H., in Delft, M. 1418, 2630.
Brouwer, J., in Delft, M. 1416, 2620.
Brown, Westhead, Moore & Co. in Shelton, M. 2468.
Byckloh, F., in Delft, M. 2559.
Callegari & Cassali in Pesaro, M. 1200.
Campani, F., in Siena, M. 1217—1219.
Cari, Cesare, in Urbino, M. 364.
Carocci, Fabbri & Co. in Gubbio, M. 2477—2478.
Case, Mort & Co. in Liverpool, M. 1669.

Cencio in Gubbio, M. 456.
Chaffers, R., in Liverpool, M. 1663.
Champion in Bristol, M. 2374.
Chanou, H. F., in Paris, M. 2256—2257.
Chicaneau in S. Cloud, M. 1716—1717.
Chicanneau & Moreau in Paris, M. 1720.
Chollet in Moulain, M. 1040.
Cleffius, L., in Delft, M. 1462.
Clément, M., in Choisy, M. 2262.
Colonnese, F. & Co. in Neapel, M. 2481.
Conrade in Nevers, M. 575—577.
Cookworthy, W., in Plymouth, M. 2366—2367.
Cornelis, C., in Delft, M. 2545.
Cottier, M., in Paris, M. 2420.
Cozzi in Venedig, M. 1904—1907.
Crette, L., in Brüssel, M. 2321—2323.
Custine in Niederweiler, M. 890—892.
Custode, J., in Nevers, M. 580.
Cyfflé in Lunéville, M. 897—898.
Dagoty, P. L., in Paris, M. 2263—2264.
Dagoty, R. F., in Paris, M. 2263.
Dale, van, L., in Delft, M. 2578.
Dale, van, W., in Delft, M. 2595.
Davenport in Longport, M. 1673—1676.
Deck, T., in Paris, M. 2403.
Decker, J., in Delft, M. 2588.
Deruelle in Clignancourt, M. 2211—2215.
Devers, J., in Turin, M. 2486—2487.
Dextra, J. T., in Delft, M. 1406—1407, 1506, 1541, 2611.
Dihl & Guerhard in Paris, M. 2233—2237.
Diomede, Durante, in Rom. M. 478.
Dommer & Co. in Nieuwe Amstel, M. 2315.
Doorne, van, P., in Delft, M. 1426.
Dorez in Lille, M. 832—834.
Dorez in Valenciennes, M. 837—838.
Duesbury, W., in Derby, M. 1787—1804.
Dumas, Veuve, in Paris, M. 2405.
Duyn, van, J., in Delft, M. 1423—1424.
Dyck, van, C., in Delft, M. 2610.
Eenhorn, van, S., in Delft, M. 1443—1444, 1476, 1484.
Ehrenreich in Marieberg, M. 1612.
Elers in Bradwell, M. 699.
Ernst, J., in Baeren, M. 633.
Evers, G., in Schaffhausen, M. 1326.
Fahlstrom in Stockholm, M. 1605.
Fauquez & Lamoninary in Valenciennes, M. 2259—2260.

Feuillet in Paris, M. 2415—2417.
Ficquet, Ch., in Sèvres, M. 2451.
Fictoor, L., in Delft, M. 1496, 1497, 1509.
Fischer, H., in Herend, M. 2508—2512.
Fischer & Reichenbach in Pirkenhammer, M. 2514—2515.
Fischer, Ch., in Pirkenhammer, M. 2513.
Fleury, Fl., in Paris, M. 2277.
Fontana, Flaminio in Urbino, M. 335—338.
Fontana, Guido, in Urbino, M. 321—325.
Fontana, Orazio, in Urbino, M. 326—335.
Fontebasso in Treviso, M. 1931—1932.
Fouquez, Arnoux & Co. in Toulouse, M. 2153.
Francos, B., in Urbino, M. 361.
Frytom, van, F., in Delft, M. 2553.
Frantz, J. D., M. 1439.
Frantzen in Marieberg, M. 1612.
Gaal, J., in Delft, M. 2596—2598.
Gardner, A., in Moskau, M. 2347—2348.
Gavrion, A., in Paris, M. 2429.
Gaze in Tavernes, M. 975—976.
Génèse in Nyon, M. 2331—2332.
Genlis & Rudhardt in Paris, M. 2430.
Geoffroy in Gien, M. 2389.
Ghisbrecht, L., in Delft, M. 2546.
Gide, M., in Nyon, M. 2328—2330.
Gille, M., in Paris, M. 2413.
Gillet & Brianchon in Paris, M. 2412.
Girolamo, R., in Montelupo, M. 223.
Gironimo in Pesaro, M. 293.
Giustiniani in Neapel, M. 2479—2480.
Goes, C., in Nürnberg, M. 2497.
Gouda, M., in Delft, M. 1382, 2561.
Gouillet, J., in Paris, M. 2438.
Gratapaglia in Turin, M. 1220.
Green in Doncaster, M. 1701.
Grellet in Limoges, M. 2203.
Groen, J., in Delft, M. 2523.
Gronlant, J., in Delft, M. 1473, 1547.
Grue in Castelli, M. 1127—1136.
Günther & Co. in Staffordshire, M. 1708.
Guido, Durantino, M. 321.
Guillibaud in Rouen, M. 707—709.
Gulena in Moskau, M. 2351.
Guy, M., in Paris, M. 2221—2223.
Haack, de, A., in Delft, M. 2638.
Haarlees, D., in Delft, M. 2636.
Haarlees, J., in Delft, M. 2634—2635.
Haas, A., in Schlaggenwald, M. 2517—2518.
Haffringue, M., in Boulogne, M. 2382.
Haidinger, Gebr., in Elnbogen, M. 2520.
Halder, J., in Delft, M. 1408, 2633.
Hammen, van, J., in Delft, M. 1568.

Hannong in Paris, M. 2189.
Hannong in Strassburg, M. 902—969, 2117—2119, 2125—2127.
Hannong in Vincennes, M. 2143—2145.
Hannong in Frankenthal, M. 1265—1268.
Harley, T., in Lane End, M. 1654.
Hartley, Greens & Co. in Leeds, M. 1658—1662.
Haynes, Dillwyn & Co. in Swansea, M. 1685.
Hermans, G., in Delft, M. 2544.
Hesse, van, F., in Delft, M. 1510, 1554, 2603 bis 2604.
Hey, R., in Delft, M. 2585.
Hilditch & Sohn in Lane End, M. 2469.
Hilgers, H., in Siegburg, M. 617.
Hillberg in Stockholm, M. 1606.
Hofdick, D., in Delft, M. 1544.
Holdship, R., in Derby, M. 1805.
Honoré in Paris, M. 2265—2267.
Hoorn, van, H., in Delft, M. 1409, 1410, 2623, 2624.
Hoppestein, R., in Delft, M. 1415, 1558, 1559.
Hoppestein, J. W., in Delft, M. 1508, 1542.
Houry, C., in Paris, M. 2431, 2439.
Hubaudière, de la, in Quimper, M. 1018.
Jacomo da Pesaro in Venedig, M. 484.
Jans, A., in Delft, M. 2552.
Jans, Ph., in Delft, M. 2543.
Jarry in Aprey, M. 879.
Jean, A., in Paris, M. 2408—2409.
Jeanot, P., in Sinceny, M. 867.
Jeronimus, P., in Delft, M. 1475.
Junius, J., in Delft, M. 2547.
Kam, G., in Delft, M. 2563.
Kam, P., in Delft, M. 1555.
Keiser, de, A., in Delft, M. 1394, 1395, 2548.
Keiser, de, C., in Delft, M. 2556—2557.
Keiser & Pynacker in Delft, M. 1384—1385.
Kessel, van, A., in Delft, M. 2567.
Kessel, van, J., in Delft, M. 2551.
Kessel, van, L., in Delft, M. 1561, 2566.
Kiell, A., in Delft, M. 1390, 1396, 2631.
Klammerth, A., in Znaim, M. 2519.
Kleftius, W., in Delft, M. 1498.
Klein in Ponteinx, M. 2272.
Kleynoven, G., in Delft, M. 1385.
Knötter, J., in Delft, M. 2587.
Knüdgen, P., in Siegburg, M. 625.
Koning, de, H., in Delft, M. 1468.
Koning, de, H. & G., in Delft, M. 2606.
Kool, J., in Delft, M. 2571.
Kool, W., in Delft, M. 2586.
Kordenbusch, G., in Nürnberg, M. 1308.
Korneloffe in Petersburg, M. 2345—2346.

Kraut, H., in Villingen, M. 591—593.
Kriegel & Co. in Prag, M. 2516.
Kruisweg, J., in Delft, M. 1607.
Kruyck, G., in Delft, M. 2549, 1467, 1556.
Kruyck, J., in Delft, M. 1474.
Kuick, M., in Delft, M. 1441.
Kulyck, J., in Delft, M. 1586. 2555.
Kuwzt, J., in Delft, M. 1442.
Lafond & Co. in Amsterdam, M. 2316.
Lahens & Rateau in Bordeaux, M. 2381.
Lamarque in S. Amans, M. 2391.
Lamarre, A., in Paris, M. 2137.
Lammens, B., in Andennes, M. 2534.
Landais in Langeais, M. 2392.
Landais in Tours, M. 2455.
Lanfrey in Niederweiler, M. 893—894.
Lassia, J. J., in Paris, M. 2208—2209.
Laun, van, H., in Amsterdam, M. 1445.
Laurjorois in Montet, M. 2401.
Lavalle in Premières, M. 2440—2443.
Leboeuf, A. M., in Paris, M. 2225—2226.
Lebrun in Lille, M. 2243—2245.
Lefrançois in Caen, M. 2275.
Lessore in Paris, M. 2425.
Liaute, L., in Tours, M. 1041.
Locker in Derby, M. 1843.
Lodovico in Venedig, M. 486.
Mafra, M., in Caldas, M. 2527.
Majorelle, A., in Nancy, M. 2398.
Manara, B., in Faenza, M. 234.
Marconi in Venedig, M. 1907.
Marforio in Castel Durante, M. 306.
Mariani, G. M., in Urbino, M. 362.
Maruna, van, T., in Delft, M. 2616—2617.
Masselli, T., in Ferrara, M. 1155.
Masson, Gebrüder, in Paris, M. 2406.
Mauzin in Onnaing, M. 2400.
Mayer & Newbold in Lane End, M. 1652—1653.
Meigh in Hanley, M. 1644.
Mennicken, P., in Siegburg, M. 631.
Ménard, C. H., in Paris, M. 2242.
Mercati in Borgo S. Sepolcro, M. 1114.
Merlino, G., in Urbino, M. 362.
Merkelbach & Wick in Grenzhausen, M. 2491.
Mesch, J., in Delft, M. 1587.
Metenhoff & Mourot in Val sous Meudon, M. 2457.
Meyer, C., in Zürich, M. 679.
Milde, de, J., in Delft, M. 2618.
Miles in Shelton, M. 700.
Miles in Hanley, M. 1643.
Minton in Stoke upon Trent, M. 1680, 1681, 2474—2475.

Miragia in Porto, M. 2532.
Mitteldyck, van, H., in Delft, M. 1421, 2629.
Mogain, E., in Moulain, M. 1011.
Moitte in Clignancourt, M. 2219—2220.
Monginot in Paris, M. 2421.
Montarcy, de, in Paris, M. 2253.
Morelle in Paris, M. 2193.
Morley in Nottingham, M. 1678.
Mazzeine, A., in Poitiers, M. 1012.
Musso in Mondovi, M. 1180.
Myatt in Lane Delph, M. 1697.
Nast in Paris, M. 2240—2241.
Neale in Hanley, M. 1642.
Nicolo in Urbino, M. 318—320.
Nini, T. B., in Chaumont, M. 1027—1030.
Nowotny in Altrohlau, M. 1324, 2521.
Oléry in Moustiers, M. 918—947.
Ondriip, H., in Kopenhagen, M. 2533—2535.
Oosterwyck, J., in Delft, M. 2593—2594.
Orsini, N., in Faenza, M. 258.
Ortolani in Venedig, M. 1895.
Ovaleros in Alcora, M. 1590.
Pahmer, H., in Hanley, M. 1641.
Pascal, F. M., in Paris, M. 2410—2411.
Patanazzi in Urbino, M. 367—374.
Pellevé in Sinceny, M. 868.
Pennington in Liverpool, M. 1664.
Pennis, A., in Delft, M. 1422.
Pennis, J., in Delft, M. 1487, 1488, 2608, 2609.
Perrin in Marseille, M. 986—987.
Petit, J., in Belleville, M. 2414.
Pfau, in Winterthur, M. 595—611.
Pichon, F., in Uzès, M. 2456.
Pickman & Co. in Sevilla, M. 2522—2524.
Pieters, J., in Delft, M. 2558.
Pietro in Castel Durante, M. 313.
Pillivuyt, C. H. & Co. in Paris, M. 2419.
Pinart, H., in Paris, M. 2432, 2433.
Plant, B., in Lane End, M. 1650.
Plantier, Boncoirant & Co. in Nismes, M. 2416.
Popoff, A., in Moskau, M. 2349—2350.
Portalés-Brize, A., in Paris, M. 2431.
Potérat in Rouen, M. 1713—1714.
Potter, Ch., in Paris, M. 2269—2270.
Poulisse, P., in Delft, M. 2575.
Pouyat, J., in Limoges, M. 2575.
Pouyat & Russinger in Paris, M. 2199.
Prestino in Gubbio, M. 437—440.
Pull in Paris, M. 2404.
Putten, van, J. & Co. in Delft, M. 2639.
Pynacker, A., in Delft, M. 1434, 1501, 1502, 1522, 1574.
Pynacker, J., in Delft, M. 2562.

Rainerius in Faenza, M. 273—274.
Reygens, A., in Delft, M. 848, 2542.
Richard & Co. in Mailand, M. 2483—2485.
Ridgway & Söhne in Shelton, M. 2464—2466.
Robert in Marseille, M. 984—986, 989—990.
Roche, de, in Paris, M. 1770.
Rodriguez, F., in Nevers, M. 1032.
Rogers in Longport, M. 1677.
Russinger & Loeré in Paris, M. 2197.
Saeltzer, A., in Eisenach, M. 2489—2490.
Savy in Marseille, M. 994.
Savino, G. P., in Rom, M. 479.
Schagen, van, C., in Delft, M. 2580.
Schaper, G. und dessen Nachfolger, M. 671—676.
Schie, van, D., in Delft, M. 2572.
Schierholz in Plauen, M. 2498.
Schoelcher in Paris, M. 2418.
Schoonhove, van, L., in Delft, M. 2590—2591.
Schütz, L., in Cilly, M. 2506—2507.
Shawe, R., in Burslem, M. 1634.
Signoret, H., in Nevers, M. 2399.
Simone in Castel Durante, M. 308.
Soliva in Alcora, M. 1587.
Solombrinus, L., in Forli, M. 284.
Souroux in Paris, M. 2194.
Spode in Stoke upon Trent, M. 1679.
Sten in Marieberg, M. 1611.
Stevenson in Cobridge, M. 1648—1649.
Stevenson & Co. in Derby, M. 1814.
Stevenson & Hancock in Derby, M. 1815.
Terchi in Bassano, M. 1111—1112.
Toft, M. 689—690.
Toselli, L., in Paris, M. 2435—2436.
Tremble, de, in Rubelles, M. 2444.
Trou in S. Cloud, M. 1719.
Turner in Caughley, M. 1639—1640.
Unwin, Holmes & Worthington in Hanley, M. 2462.
Utzschneider & Cie. in Saargemünd, M. 2500 bis 2502.
Van den Bogaert, M., in Delft, M. 1563.
Van den Houck in Delft, M. 2554.
Van der Briel, P., in Delft, M. 1489.
Van der Briel, Wittwe, in Delft, M. 1389, 2621.
Van der Buergen, J., in Delft, M. 2582—2583.
Van der Burgh, J., in Delft, M. 1479.

Van der Does. D., in Delft, M. 1398, 1399, 2619.
Van der Does, W. M., in Delft, M. 1402, 1404.
Van der Hagen in Delft, M. 1413.
Van der Heul in Delft, M. 1480.
Van der Hoeve, C., in Delft, M. 1400, 1525.
Van der Hoeve, G., in Delft, M. 2551.
Van der Keel, A., in Delft, M. 2637.
Van der Kest, D., in Delft, M. 2570.
Van der Kloot, J., in Delft, M. 1412, 2632.
Van der Laen, J., in Delft, M. 1477, 2565.
Van der Meer, A., in Delft, M. 2560.
Van der Sand in Delft, M. 2592.
Van der Stroom, P., in Delft, M. 1491.
Van der Waert, A., in Andennes, M. 2535.
Van der Wal, J., in Delft, M. 2577.
Vecchio, del, F., in Neapel, M. 2182.
Vengobechea, G., in Honda, M. 1447.
Verburg, J., in Delft, M. 2614—2615.
Verburg, P., in Delft, M. 1425.
Vergillio in Faenza, M. 236.
Verhaast, G., in Delft, M. 2625.
Verhagen, J., in Delft, M. 2612—2613.
Verstelle, G., in Delft, M. 1414, 2627, 2628.
Vest, C., in Creupa, M. 667.
Vezzi in Venedig, M. 1896—1900.
Villeroy & Boch in Mettlach, M. 2503.
Viry, G., in Moustiers, M. 916.
Visser, P., in Delft, M. 1436.
Vlach, P., in Siegburg, M. 623.
Vogt in Augsburg, M. 590.
Voyez, J., in Cobridge, M. 1647.
Walton in Burslem, M. 2461.
Wedgwood & Bentley in Etruria, M. 1621—1630.
Wedgwood & Co. in Ferrybridge, M. 1693.
Wedgwood in Yearsley, M. 1694.
Weert, de, J., in Delft, M. 1472.
Wilson in Hanley, M. 1645.
Witsenburgh, Ch., in Delft, M. 2584.
Witsenburgh, Th., in Delft, M. 2576.
Wood in Burslem, M. 1632—1635.
Zachtleben, C., in Delft, M. 1437.
Ziegler in Voisinlieu, M. 2458.
Ziegler-Pellis in Schaffhausen, M. 2537.
Zieremans, H., in Delft, M. 2605.

PERSIEN.		CHINA.		SUNG DYNASTIE.	
	1.			A.D. 960 – 1127.	10
		秦漢	Tung-han. A.D. 25.		
		後漢	Hou-han. A.D. 221.	景德	King-te. A.D. 1004.
		晉	Tsin. A.D. 264.	大中祥符	Tai-chung-hsiang-fu. A.D. 1007.
		東晉	Tung-tsin. A.D. 317.	天聖	Tien-shing. A.D. 1023
	2.	北宋	Pei-sung. A.D. 420.	明道	Ming-tao. A.D. 1023.
	3.	齊	Chi. A.D. 479.	景祐	Ching-yu. A.D. 1023
		梁	Leang. A.D. 502.	嘉祐	Chia-yu. A.D. 1023
	4.	晉	Tsin. A.D. 557.	寶元	Pao-yuan. A.D. 1023.
		隨	Sui. A.D. 589.	治平	Chi-ping. A.D. 1064.
	5.	唐	Tang. A.D. 618.	熙寧	Hsi-ning. A.D. 1068.
		後梁	Hou-leang. A.D. 907.	元豐	Yuan-fung. A.D. 1068.
	6.	後唐	Hou-tang. A.D. 924.	元祐	Yuan-yu. A.D. 1086.
		後晉	Hou-tsin. A.D. 936.	紹聖	Thao-shing. A.D. 1086.
	7.	後漢	Hou-han. A.D. 947.	元符	Yuan-fu. A.D. 1086.
		後周	Hou-chao. A.D. 951.	宣和	I-ho. A.D. 1101.
PERSIEN. FAIENCE.		宋	Sung. A.D. 960.	重和	Chung-ho. A.D. 1101.
	8.	南宋	Nan-sung. A.D. 1127.	政和	Cheng-ho. A.D. 1101.
		元	Yuan. A.D. 1279.	建中	Chien-chung. A.D. 1101
		大明	Ta-ming. A.D. 1368.	靖國	Ching-huo. A.D. 1101.
NAIN. PERSIEN.	XVIII. Jahrhundert.	大清	Tai thsing. A.D. 1644.	崇寧	Tsung-ning. A.D. 1101.

大觀 TA-CHUAN. A.D. 1120.	祥興 CHEANG-HSING, A.D. 1278.	宣德 SIOUEN-TE. A.D. 1426.
政和 CHING-KANG. A.D. 1120.		正統 TCHING-TUNG. A.D. 1436.
NAN SUNG DYNASTIE. A.D. 1127—1279.	**YUAN DYNASTIE (TARTAREN).** A.D. 1279—1368.	景泰 KING-TAI. A.D. 1450.
建炎 CHIEN-TAN, A.D. 1127.	至元 CHI-YUAN. A.D. 1279.	天順 TIEN-CHUN. A.D. 1457.
紹興 SHAO-HSING. A.D. 1127.	元貞 YUAN-TSO. A.D. 1295.	成化 TCHING-HOA. A.D. 1465.
隆興 LUNG-HSING. A.D. 1163.	大德 TA-TE. A.D. 1295.	弘治 HOUNG-TCHI. A.D. 1488.
乾道 CHIEN-TAO. A.D. 1163.	至大 CHI-TA. A.D. 1308.	正德 TCHING-TE. A.D. 1506.
淳熙 TUN-HSI. A.D. 1163.	延祐 CHENG-YU. A.D. 1312.	嘉靖 KIA-TSING. A.D. 1522.
紹熙 SHAO-HSI. A.D. 1190.	皇慶 HUANG-CHING. A.D. 1312.	隆慶 LOUNG-KHING. A.D. 1567.
慶元 CHING-YUAN. A.D. 1195.	至治 CHI-YU. A.D. 1321.	萬曆 WAN-LI. A.D. 1573.
嘉泰 CHIA-TAI. A.D. 1195.	泰定致和 TAI-TING-CHI-HO. A.D. 1324.	泰昌 TAI-TCHANG. A.D. 1620.
開禧 KAI-YU. A.D. 1195.	天曆 TIEN-LI. A.D. 1329.	天啓 TIEN-KI. A.D. 1621.
嘉定 KIA-TING. A.D. 1195.	至順 CHI-SHAN. A.D. 1330.	崇禎 TSOUNG-TSU. A.D. 1628.
寶慶 PAO-CHING. A.D. 1225.	元統 YUAN-TUNG. A.D. 1333.	弘光 CHUN-TCHI. A.D. 1644.
紹定 SHAO-TING. A.D. 1225.	至元 CHI-YUAN. A.D. 1333.	紹武 TSCHAO-WOU. A.D. 1646.
端平 TUAN-PING. A.D. 1225.	至正 CHI-CHENG. A.D. 1333.	隆武 LOUNG-WOU. A.D. 1646.
嘉熙 HIA-HSI. A.D. 1225.	**TA MING DYNASTIE.** VON 1368 AN.	永眉 YOUNG-LY. A.D. 1617.
淳祐 HSIEN-TUN. A.D. 1265.	洪武 HOUNG-WOU. A.D. 1368.	**TAI THSING DYNASTIE.** Von 1616 bis jetzt.
寶祐 TE-YU. A.D. 1275.	建文 KIAN-WEN. A.D. 1399.	天命 TIEN-MING. A.D. 1616.
景炎 CHING-TAN. A.D. 1277.	永樂 YOUNG-LO. A.D. 1403.	天聰 TIEN-TSOUNG. A.D. 1627.
	洪熙 HOUNG-HI. A.D. 1425.	

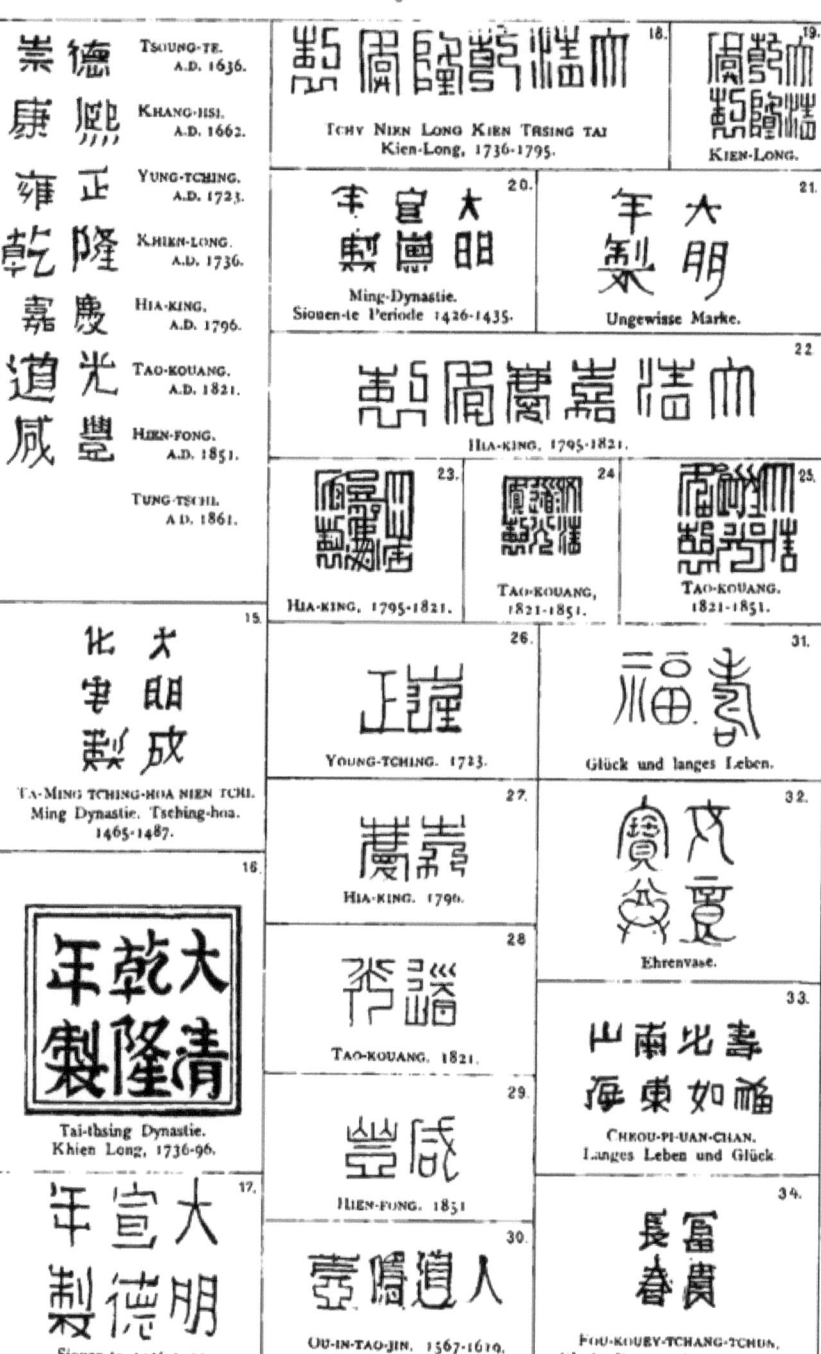

35.
TU CHANG MING KWEI.
Glück, Reichthum, langes Leben.

36.
WOO-FUH.
Die fünf Segnungen.

37.
WOO-FUH-LIN-MUN.
Mögen die fünf Segnungen hier einkehren.

38.
TCHOUANG-YOUEN-KI-TI.
Möchtest du den Titel TCHOUANG-YOUEN erhalten.

39.
TCHOUI-OUAN.
Werthvolles Geschenk.

40.
KHI-TCHIN-JOU-OU.
Ausserordentlich wie die 5 köstlichen Dinge.

41.
YU-YA-KIN-HOA.
Prachtvoll wie das Gold im Hause der Jade.

42.
FOU-KOU-TCHIN-OUAN.
Curiosität für Liebhaber.

43.
FOU-KOUEI-KIA-KHI.
Vase für Vornehme.

44.
YU-THANG-KIA-KHI.
Vase des Jade-Saals.

45.
TSE-THSE-TRANG-TCHI.
Halle des violetten Dorns.

46.
ICHI-THANG-YOUEN-FOU.
Halle der Glücksquelle.

47.
TCHI-THANG-HIEN-MAO.
Verschleierte Himmelshalle.

48.
KHI-YU-THANG-TCHI.
Für den Jade-Saal.

49.
YU. JADE.

50.
TCHIN. Perle.

51.
TAI-YU. Jade-Masse.

52.
OUAN-YU.
Kostbarer Gegenstand von Jade.

53.
TCHIN-OUAN.
Kostbarer Gegenstand von Perlen.

54.
TING-CHI-TCHIN-KHI-CHI-PAO.
Seltener kostbarer Stein.

55.
Erinnerung an ING-CHIN-VOUEI.

56.
Ich bin der Freund von YOU-TCHOUEN.

57.
CHENG-YKOU-YA-TSI.
Ausgewählte Gesellschaft heiliger Freunde.

58.
TCHING-LING-KIUN.
Festwoche von Tchin-ling.

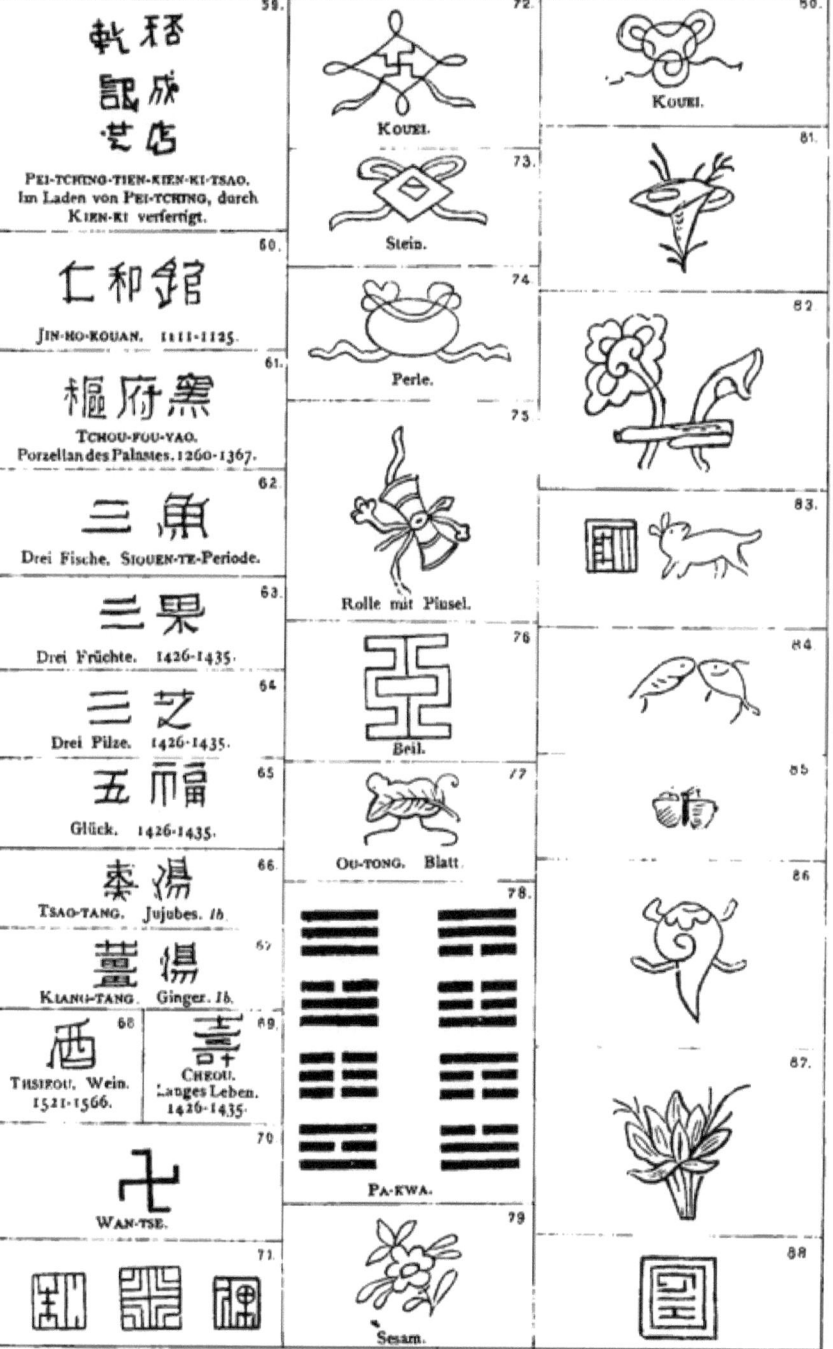

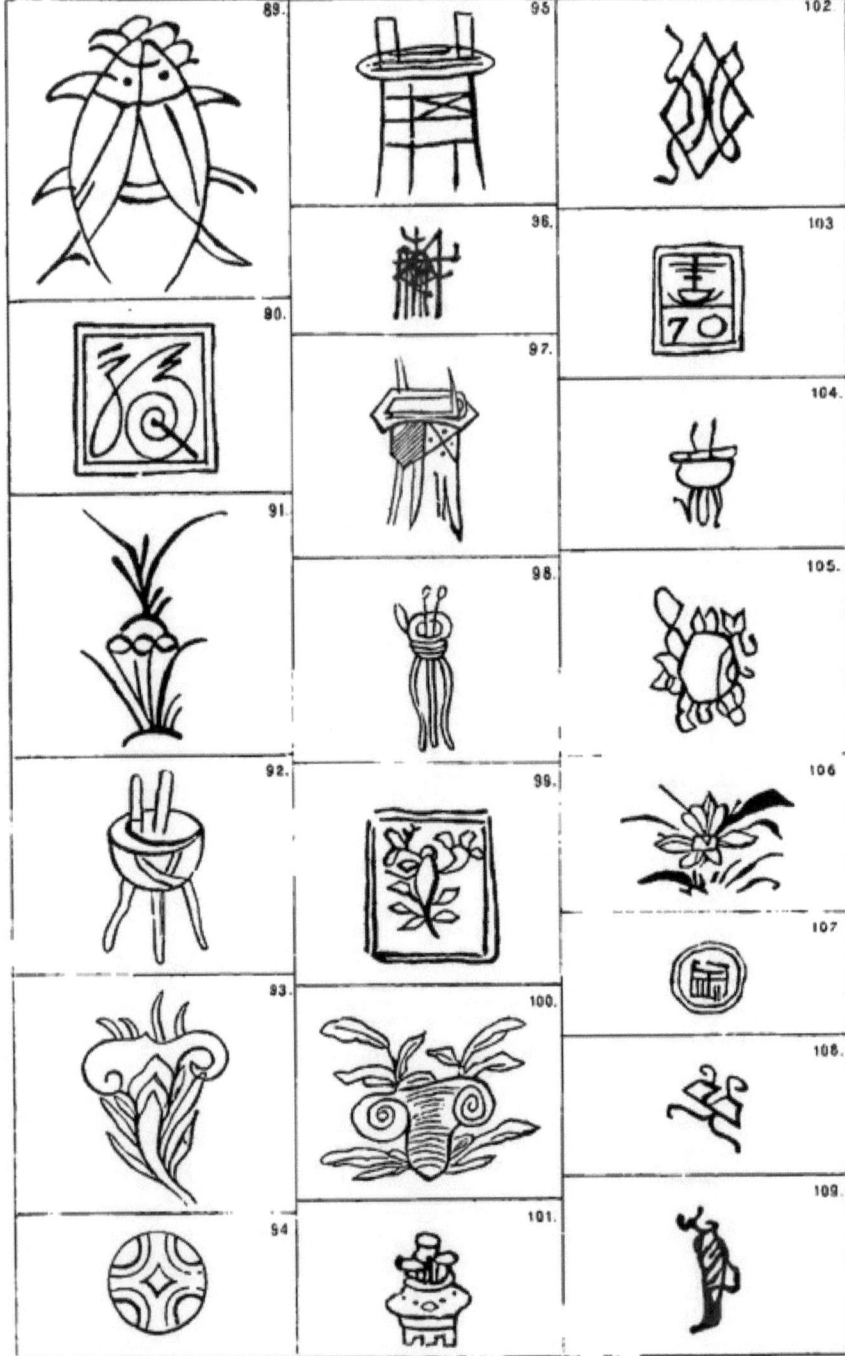

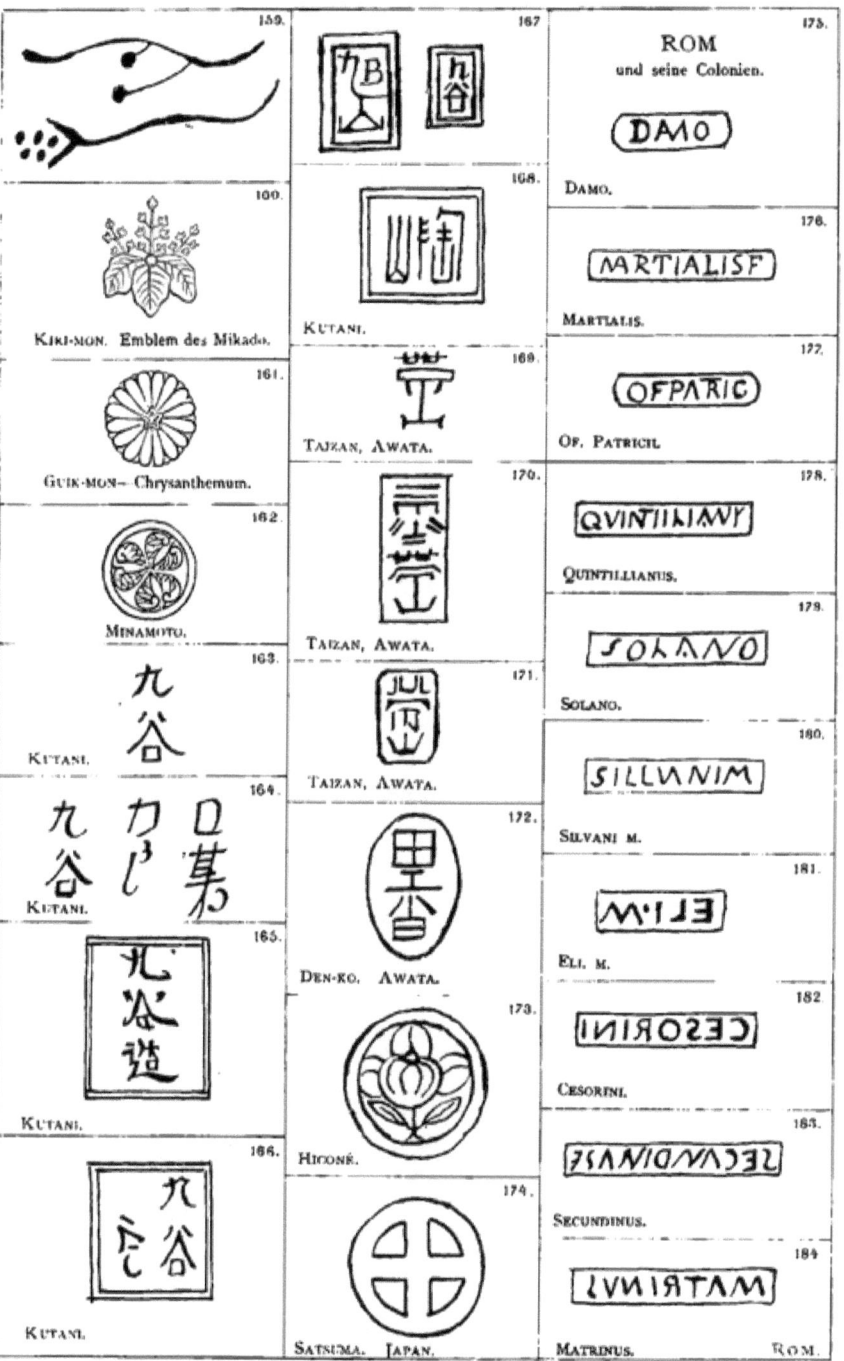

210.

CAFFAGIOLO (In. Galiano), 1547.

211.

FECE·
GIOVANNI·ACOLE
1509

CAFFAGIOLO, 1509.

212.

CAFFAGIOLO. XVI Jahrh.

213.

CAFFAGIOLO. XVI Jahrh.

214.

P

CAFFAGIOLO XVI Jahrh.

215.

I.P.

SIENA, 1542.

216.

fata ï Siena
dam benede
tto

SIENA, 1510-1520.

217.

F O

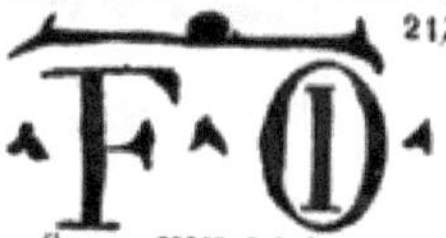

SIENA, XVI Jahrhundert.

218.

FRE. BERNARDINUS.
DE SIENA. IN. B. S. SATUS

219.

VRATE del ora
fate in monte

MONTELUPO. XVI Jahrh.

220.

Dipinta Giovinale
Tereni da Montelupo.
XVII Jahrhundert.

221.

L

MONTELUPO.

222.

M
1627

MONTELUPO.

223.

RAFAELLO
GIROLAMO
FECIT
M̄ṭe L po
1639

MONTELUPO.

224.

ADI 16 DI A.P
RILE 1663
DIACINTO
MONTI DI
MONTELVPO

MONTELUPO, 1663.

225.

F.A.T.O. IN
FAVENZA
1523.

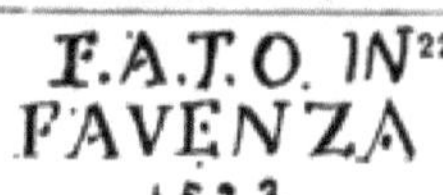

FAENZA. 1523.

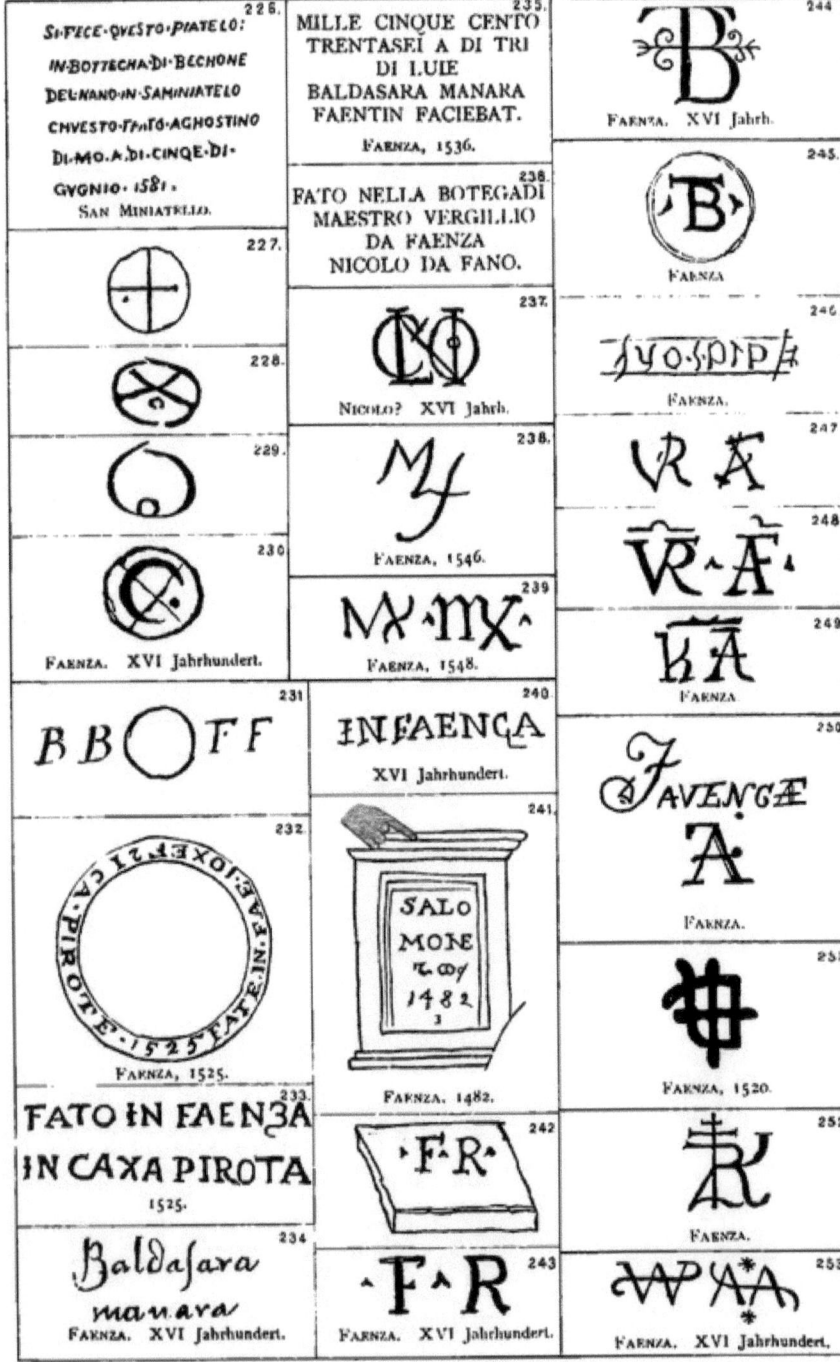

254

267

FAENZA. XVI Jahrhundert.

268

FAENZA. XVI Jahrhundert.

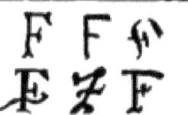

255

FAENZA. XVI Jahrhundert.

262

FAENZA. XVI Jahrhundert.

269

FAENZA. XVI Jahrhundert.

256

FAENZA. XVI Jahrhundert.

263

FAENZA. XVI Jahrhundert.

DON SIORSIO 257
1485
FAENZA. Don Giorgio, 1485.

264

FAENZA. XVI Jahrhundert.

270

FAENZA. XVI Jahrhundert.

NICOLAU&ORSINI 258
MIIII77
ADI 4 DI GENAIO
FAENZA. Nicolaus Orsini, 1477.

Mcccccxxv 265

FAENZA, 1535.

MDXX 271
XIIII
FATNAN
ASIVS
B M

M I 259
ANSREA DI BONO PO
FAENZA. Andrea di Bono, 1491.

260

FAENZA. XVI Jahrhundert.

R 266

FAENZA.

I I 272

FAENZA, 1525.

261

FAENZA.

Farius raynerius F. F. 1575   273

Gio: BAPHISTA. R. L

RAINERIA P   274

FAENZA. Rainerius, 1575.

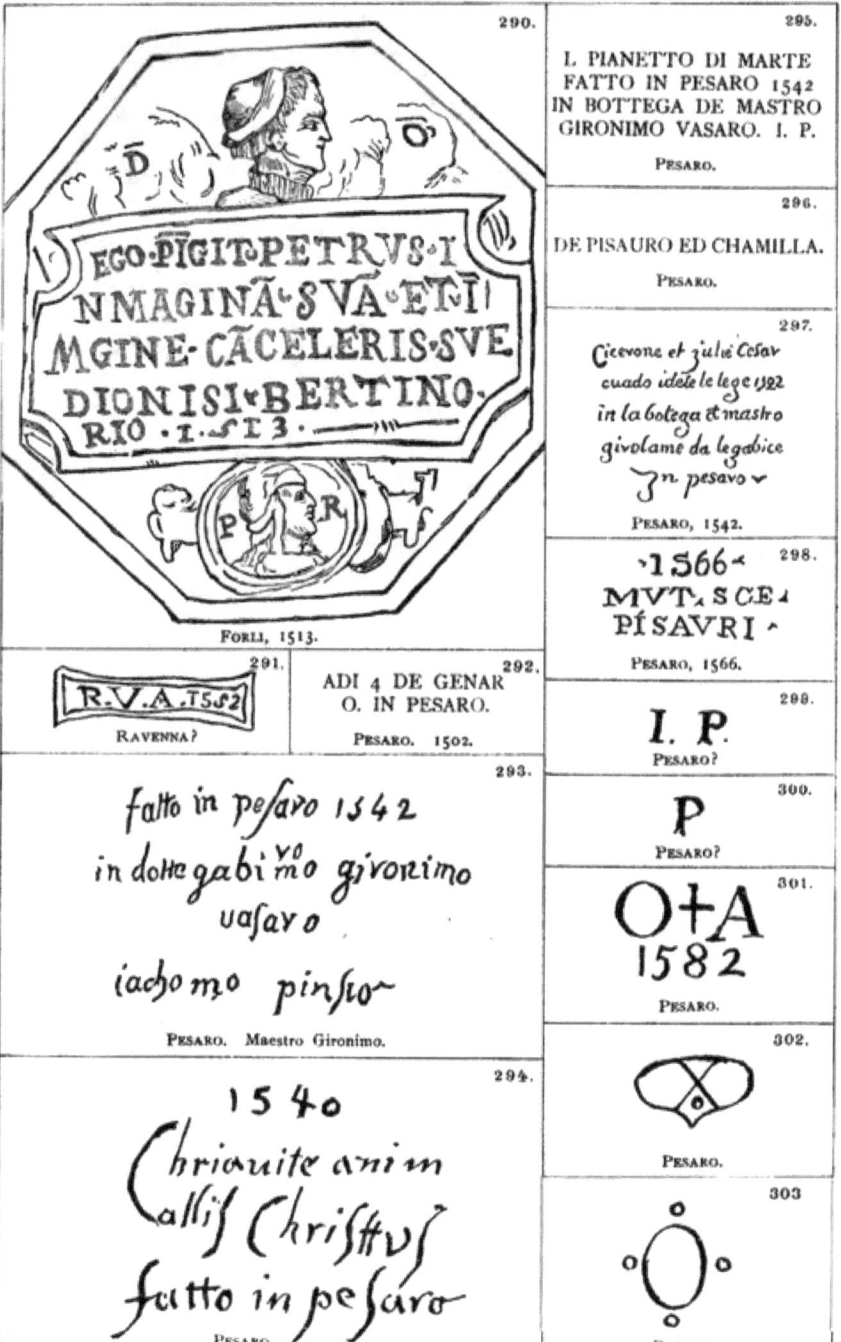

339. Nel anno de la tribulatio ni d'Italia adi 26 de luglio J Urbino
URBINO. 1580.

340. ·1531·
f. X. A. R:
J Urbino.

341. f.co.X:
Roui:

342. ·1539·
·X·

343. (mark)

344. X· N

345. (mark)

346. X
·1544·

347. (mark)

348. fran:auello Reys

349. 1532
fra:Xanto.A.da
Rouigo,J.Vr
bino.pt
URBINO. XVI Jahrhundert.
Fra Xanto Avelli da Rovigo.

350. F X

351. f.co X.
R

352. F. X. R.

353. X.o Z
A

354. H
X ω
O

355. (mark)

356. (mark with AQ monogram)

357. AQ S

358. u K w

359. M·D·XXXIII
Fra Xato A.
da Rouigo. J
Urbino
URBINO. Fra Xanto.

360. Jn Urbino nella bottega di Francesco de Suano
M·D·XXXI
URBINO, 1541.

361. B. F. V. F.
BATISTA FRANCO.

362. G M
GIAN. MARIA MARIANI.

363. M
F S
URBINO, 1542.

364. 1549
(mark)
URBINO. Cesare Cari?

365. nē 1551
fato in Botega
de guido merlino
URBINO. Guido Merlino.

366. Gironimo fecie urbini 1583
URBINO.

— 23 —

461.
.1545.
in deruta
frate fecit

DERUTA.

462.
deruta se
el fiar pem se

DERUTA.

463.
IN DERUTA
EL FRATE PENSE

464.
D̃
DERUTA. XVI Jahrh.

465.
DC
DERUTA. XVI Jahrh.

466.
DC
1539
G·S
DERUTA.

467.
CB
DERUTA. XVI Jahrh.

468.
IO SILVESTRO D'AGEI
OTRINCI DA DERUTA
FATT° IN BAGNIOREA
·1691·
DERUTA. I. S. Otrinci 1691.

469.
G.V
DERUTA. XVI Jahrh.

470.
LD
1579
DERUTA?

471.
1537
fran.co Urbini.
I deruta

472.
jn deruta
1554

473.
1544
DERUTA?

474.
Francesco Duratino
Vasaro A mote Bagnole
d Peroscia 1553
PERUGIA.

475.
fabriano 1527
FABRIANO.

476.
BO·DIOME
4421
VITERBO. 1544.

477.
CON·POL·DI·S·CASA
LORETO. XVII Jahrh.
(Con polvere di Santa Casa.)

478.
FATTE IN BOTEGA DE M DIOMEDE DURANTE IN ROMA

479.
FATTO IN ROMA DA GIO. PAOLO SAVINO

ROM. 1600-1623.

480.
ALMA ROMA 1623

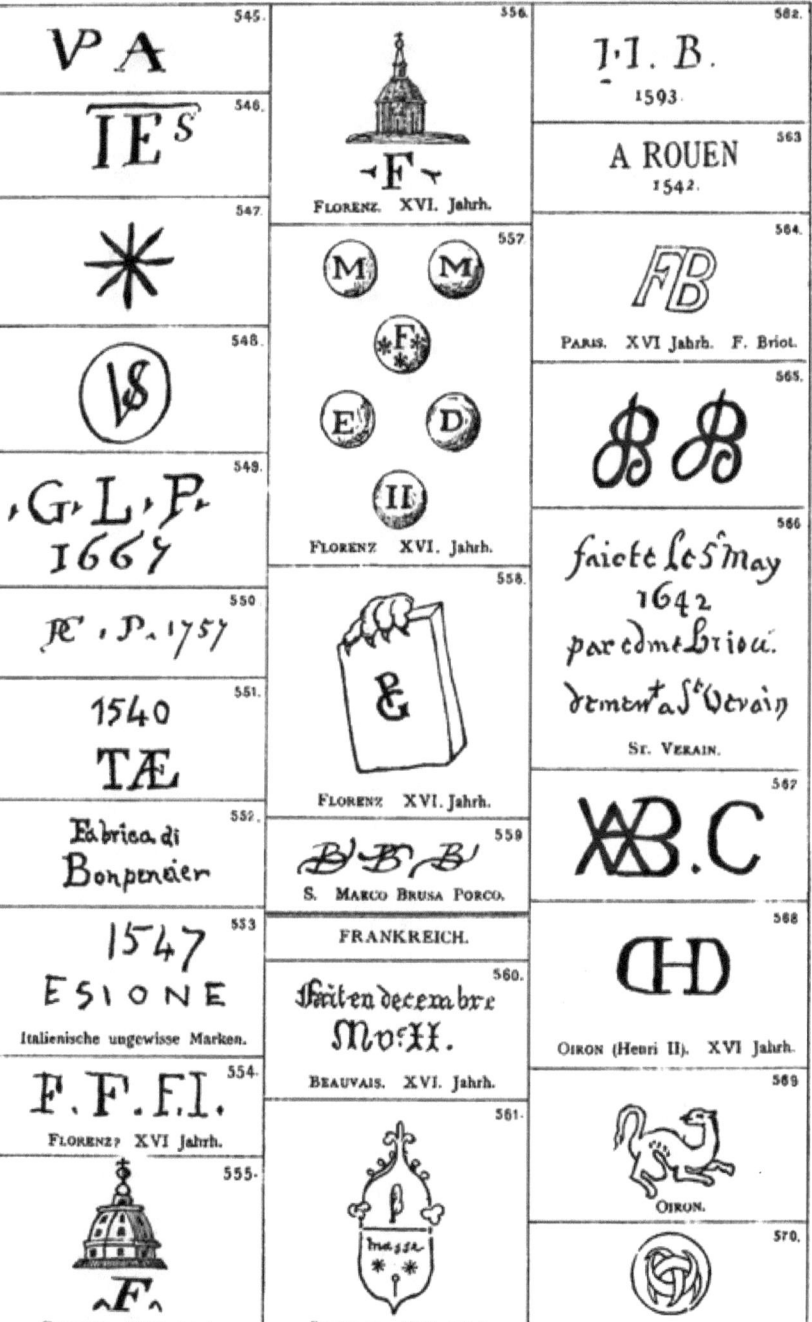

571. OIRON.	579. **ID F** **1636** NEVERS. D. Le Fevre, 1636.	588. I·R·PAIVADEAV· 1643 NEVERS?
572. OIRON.	580. *Jehan Custode ff* NEVERS, 1602-60.	DEUTSCHLAND.
		589. R A 1589.
573. OIRON (Henri II)	581. **B** NEVERS. J. Bourdu, 1602-20.	590. ADAM VOGT 1626. AUGSBURG.
		591. HK HANS KRAUT. VILLINGEN.
574. OIRON.	582. **H·B 1689.** NEVERS. H. BORNE.	592. HS.K.VN. HANS KRAUT. VILLINGEN.
575. ⨯conrad Aneuers NEVERS. 1650-1672.	583. *E Bornæ* *1689*	593. Hans Kraut 1578.
	584. **N** NEVERS. XVII Jahrh. N. Viode.	594. C.W. 1582.
576. *de Conradt a neuers*	585. **S** NEVERS. Jacques Seigne.	595. L.P. 1620. LUDWIG PFAU. WINTERTHUR.
577. *J Boulard a Neuers 1622*	586. ·P·S· 1630 NEVERS.	596. D.P. 1636. DAVID PFAU. WINTERTHUR.
578. **H.** NEVERS.	587. **4** NEVERS. XVII Jahrh.	597. H G 1655. HANS HEINR. GRAF. WINTERTHUR.
		598. B.E. WINTERTHUR

599. **Daniel . Hafner** Steckborn. 1790.	610. **HP.** Heinr. Pfau. Winterthur.	621. **I.V.S.** 1578 Siegburg.
600. **E.I.F.** 1772. Früting. Bern.	611. **H.P.** Heinr. Pfau.	622. **C·M** 1591 Siegburg.
601. **Simon Jean Rénaud** Fecit 1769.	612. **D.S.** David Sulzer. Zürich.	623. **P.V.** 1605 Siegburg. Peter Vlach?
602. **Lutri** 1602.	613. **Hans Jacob Da.ker** Hafner Ao 1724. Zürich?	624. **H.V.** Siegburg. Hans Vlach?
603. **Heinrich Stadler** 1670 Zürich?	614. **Johannes Reiner.** Mahler. 1729	625. **P·K.** Siegburg. Peter Knüdgen.
604. **HKR** 1705.	615. **Hoffmann pinxit** 1757 Zürich?	626. **T.G.** Siegburg.
605. **H.E.A.M.I.T.** 1647. Winterthur?	616. **HD 1550**	627. **I.M.** Siegburg.
606. **A.P.** 1686. Abraham Pfau. Winterthur.	617. **HH** 1595 Siegburg. Hans Hilgers?	628. **C.K.** Siegburg.
607. **HE DE** Ehrhardt? Winterthur.	618. **J.V.S.** 1578 Siegburg.	629. **H·H.** Raeren.
608. **Hans Heinrich Pfau** Winterthur.	619. **L.W.** 1572 Siegburg.	630. **L.W.** Raeren.
609. **H.B.Z.** Winterthur?	620. **C.F.** 1577 Siegburg.	631. **B.M.** Raeren. Balden Mennicken.
		632. **P·E.** Raeren.
		633. **J.E.** Raeren. Jean Ernst?

634. J·A· RAEREN.	647. L·W· STAT. COLLEN. 1577. RAEREN.	660. V H·G· RAEREN?
635. J·M· RAEREN.	648. K·B·L· NASSAU. HÖHR. 18 Jahrh.	661. B·V· 1574. RAEREN?
636. M·B· RAEREN.	649. Anno 1790 d. 24 July JOHANNES MENNECKEN Kannenbecker in Hörre. HÖHR.	662. M·G· 1586. SIEGBURG.
637. A·L· RAEREN.		663. F·T· 1559. SIEGBURG.
638. E·M· RAEREN.	650. R.V.H RAEREN?	664. Anno G. LM. EL. 1628. CREUSSEN.
639. J·C·M·II· 1614. RAEREN.	651. N E M 1589 RAEREN?	665. Insignia Chytraeorum M·M·C· M·J·W·C· 1626. CREUSSEN.
640. Mestre BALDEN MENNICKEN POTTENBECKER wonende zo den Rurren 1577. RAEREN.	652. RAEREN?	666. GEORGIUS VEST Possirer und Hafner zu Creussen. Anno 1603.
641. JAN EMENS A⁰ 1587 RAEREN.	653. V AB RAEREN?	
642. A. ERNST RAEREN?	654. M·O· RAEREN?	667. CASPAR VEST CREUSSEN.
643. JEAN ERNST RAEREN?	655. S·M· RAEREN?	
644. H·W· RAEREN.	656. W·R· RAEREN?	668. HANS CHRISTOPH VEST 1610. CREUSSEN.
	657. K⁰·R· RAEREN?	
645. F·C·A·W· RAEREN.	658. W·T· RAEREN?	669. ADAM SCHARFF 1644. CREUSSEN.
646. ENGEL KRAN 1584 RAEREN	659. I·R· 1588. RAEREN?	670. MATHEUS SCHRÖNVOGEL zu BASSAU. 1638.

671. IOH. SCHAPER. 1665.	**England.**	**696.** C. R. LAMBETH. 17. Jahrh.
672. I. J. SCHAPER.	**684.** H. I. WROTHAM.	**697.** I. F. C. 1659. LAMBETH?
673. S J. SCHAPER.	**685.** IE 1707 WROTHAM WROTHAM.	**698.** C. H. 1660. LAMBETH.
674. M. SCHMID. 1722.	**686.** C. R. 1659. WROTHAM.	**699.** ELERS. BRADWELL, 1690.
675. J. L. F. 1688.	**687.** E. W. E. WROTHAM. 1699.	**700.** M 15 SHELTON. TH. MILES. 1685.
676. A-I Nachfolger SCHAPERS.	**688.** W. Z. maker 1604. SALISBURY.	**Frankreich.** FAYENCE.
677. VR H MEMMINGEN?	**689.** RALPH TOFT 1677 STAFFORDSHIRE, 1670.	**701.** faict a Rouen 1647
678. J5-92 W CASP. MEYER, ZÜRICH.	**690.** THOMAS TOFT STAFFORDSHIRE, 1670.	**702.** A ROUEN ·1725· PEINT PAR PIERRE CHAPELLE
679. M CASP. MEYER, ZÜRICH.	**691.** WILLIAM · SANS. STAFFORDSHIRE, 1670.	**703.** CLAUDE BORNE. 1736. ROUEN.
680. BALTUS MEYER. Hafner LISABET FELLERIN 1602. ZÜRICH?	**692.** WILLIAM · TALOR. STAFFORDSHIRE, 1670.	**704.** LELEU. 1742. ROUEN.
681. H. HANS ULRICH HEGNER. F. VERENA HARKEL 1656. ZÜRICH?	**693.** RALPH TURNOR 1681. STAFFORDSHIRE.	**705.** Brument 1699. ROUEN.
682. A · B · 1638. WINTERTHUR.	**694.** IOSEPH.GLASS.SV.H.G.X STAFFORDSHIRE, 1670.	**706.** M. GUILLIBAUD. ROUEN.
683. S · M · S 1647. WINTERTHUR.	**695.** RICHARD CARTWRIGHT STAFFORDSHIRE.	**707.** GB ROUEN. Guillibaud.

708. **G · A** Guillibaud? ROUEN.	720. MORLAIT LE JEUNE 1781. ROUEN.	732. *G* ROUEN.
709. **GÆR** ROUEN. Guillibaud.	721. MODELÉ PAR HENRY 1779. ROUEN.	733. *G R* ROUEN.
710. (fleur-de-lis) C ROUEN? XVII Jahrh.	722. 1735 ROUEN L. C.	734. *G B* ROUEN.
711. *Jardin* ROUEN. XVIII Jahrh.	723. (fleur-de-lis) ROUEN.	735. *G G* ROUEN.
712. FECIT PETRUS MASSE. Anno 1777. ROUEN.	724. B L ROUEN.	736. +G Lˣ ROUEN.
713. SIMON ANCEL fils ROUEN.	725. *A* ROUEN.	737. *G L* ROUEN.
714. GABRIEL ANTOINE DELISLE 1783 ROUEN.	726. B B / A ROUEN.	738. *G Mᵈ* ROUEN.
715. Faite par LOUIS CORNU le 6 Aout 1779 à ROUEN. chez M. LEVASSEUR.	727. m B 4 ROUEN.	739. *Ga* ROUEN.
716. **R · D** Septembre 1765 ROUEN.	728. C H ROUEN.	740. *G y* ROUEN.
717. MARSOLLET 1744 ROUEN.	729. ✠ G ✠ ROUEN.	741. *G S* ROUEN.
718. NOYON 1761 ROUEN.	730. Gx / 15 / o ROUEN.	742. *G W* ROUEN.
719. PIERRE OMON 1789 ROUEN.	731. + F ROUEN.	743. *G 3* ROUEN.
		744. *G 3* ROUEN.
		745. *h / χ* ROUEN.

- 33 -

746. PI ROUEN.	759. h ROUEN.	773. G5 ROUEN.
747. PP ROUEN.	760. ·M· ROUEN.	774. h ROUEN.
748. R ROUEN.	761. Mo ROUEN.	775. HC ROUEN.
749. S. ROUEN.	762. ·A ROUEN.	776. HM ROUEN.
750. S₃ ·B ROUEN.	763. CO ROUEN.	777. HT ROUEN.
751. V.P 7 ROUEN.	764. D⋈ ROUEN.	778. MD ROUEN.
752. WB / 32 ROUEN.	765. D' ROUEN.	779. MD ROUEN.
753. DD ROUEN.	766. dieuy ROUEN.	780. LR ROUEN.
754. DV ROUEN.	767. DL ROUEN.	781. PC ROUEN.
755. MD ROUEN.	768. D ROUEN.	782. PCo ROUEN.
756. PR ROUEN.	769. GB ROUEN.	783. ·R·D 1765 ROUEN.
757. NP ROUEN.	770. Gi ROUEN.	784. B ROUEN.
758. MS ROUEN.	771. 112# ROUEN.	785. BB ROUEN.
	772. GM ROUEN.	786. DB ROUEN.

FR. JÄNNICKE, MARKEN UND MONOGRAMME.

5

787. [monogram] ROUEN.	800. P·D ROUEN.	813. [mark] ROUEN.
788. GA ROUEN.	801. RD ROUEN.	814. ?D ROUEN.
789. GD ROUEN.	802. Ro ROUEN.	815. Vavasseur à Rouan.
790. G3 ROUEN.	803. S3 ROUEN.	816. [mark] ROUEN. 19. Jahrh.
791. h ROUEN.	804. WGt ROUEN.	817. Fait par moi Laroze fils à Sainte Foy.
792. ·I·I ROUEN.	805. V ROUEN.	818. 1759 DANGU.
793. M ROUEN.	806. H ROUEN.	819. DESVRE.
794. M ROUEN.	807. 3·R· ROUEN.	820. DP DESVRE. XVIII Jahrhundert. Dupré Poulaine.
795. MV ROUEN.	808. GN 1733 ROUEN.	821. à Saint-Omer 1759.
796. P.A.T 1776 ROUEN.	809. f ROUEN.	822. JACOBUS HENNEKENS 1717 Ghemaecke tot Belle.
797. P·G ROUEN	810. B ROUEN.	823. FECIT JACOBUS FÉBURIER Insulis in Flandria Anno 1716. Pinxit MARIA STEPHANUS Borne.
798. P·G ROUEN.	811. [monogram] ROUEN.	
799. WJh ROUEN.	812. PA ROUEN.	

824. LILLE. F. Boussemart.	833. lille	845. ST. AMAND.
825. LILLE.	834. N : A DOREZ 1748 LILLE. Dorez.	846. ST. AMAND.
826. LILLE.	835. LILLE. Masquelier.	847. ST. AMAND.
827. LILLE.	836. LILLE	848. PARIS. Claude Révérend.
828. LILLE. Boussemart.	837. VALENCIENNES. Louis Dorez.	849. Révérend ?
829. LILLE.	838. VALENCIENNES. Louis Dorez.	850. Révérend ?
830. LILLE 1767	839. VALENCIENNES ?	851. PAJOU 1787 PARIS. Augustin Pajou.
831. L'ILLE.	840. Renaud. VALENCIENNES.	852. CLAUDE REMEY PARIS.
832. D2 $\frac{D}{14}$ LILLE. Dorez.	841. J. M. RENAUD.	853. SCEAUX.
	842. J. RENAUD 1789. VALENCIENNES.	854. SP SCEAUX.
	843. ST. AMAND.	855. SP SCEAUX.
	844. ST. AMAND	

856. **SCEAVX**	867. ⊕ Sinceny. P. Jeanot.	878. ℛ Aprey.
857. **B.R.** Bourg la Reine.	868. ·S· pelleré Sinceny.	879. *J*ℛ ℛj Aprey. Jarry.
858. OP⁻ Bourg la Reine. XVIII Jahrh.	869. ·S.c.ÿ. Sinceny.	880. P.ℛ Aprey.
859. (monogram) Vincennes.	870. Sincheŋ 8ⁱᵐᵉ D Sinceny	881. ℛ.v. Aprey. 882. Lℛ Aprey.
860. ℬ Vincennes. Hannong.	871. à monsieur monsieur Sinceny a Sinceny en picardis. Sinceny	883. ℛG Aprey. 884. c. aprey
861. S†C / T St. Cloud.	872. **B.T.** Sinceny-Bertrand.	885. Philippe Müller Anno 1778. Aprey.
862. Par brevet d'invention. Impression sous émail. Sèvres.	873. **L.J.L.C.** Pinxit. 1776. Sinceny. Joseph Lecerf.	886. Epernay.
863. **SÈVRES.**	874. **A.D.** Sinceny. A. Daussy.	887. Fait par moi JACQUES GUILLET 1761. Epernay.
864. 3 P Meudon.	875. **C. H.** Ognes.	888. ℬv Niederweiler. Beyerle.
865. **D.V.** Mennecy-Villeroy.	876. **CHANTILLY.**	889. (monogram) Niederweiler.
866. ·S· ·S· Sinceny.	877. **M.** Mathaut.	890. (monogram) Niederweiler. Custine.

891. NIEDERWEILER. Custine.	902. C H STRASSBURG. C. Hannong.	911b. LOEWENFINCK Hagenau.
892. N NIEDERWEILER. Custine.	903. STRASSBURG. P. Hannong.	912. à SAINT BLAISE S. Blasien?
893. NIEDERWEILER. Lanfrey.	904. STRASSBURG. P. Hannong.	913. ARBOIS 1746.
894. NIEDERWEILER. Lanfrey.	905. 472 STRASSBURG. J. Hannong.	914. PIDOUX à Miliona. MEILLONAS.
895. LVNÉVILLE	906. H STRASSBURG. J. Hannong?	915. MEILLONAS.
896. K et G LVNEVILLE	907. H STRASSBURG. Hannong.	916. G.Viry f.a Monstiers chez Cleriffy MOUSTIERS.
897. CYFFLE A. LUNEVILLE S	908. HK STRASSBURG. J. Hannong.	917. HYACI. ROSSETUS MOUSTIERS. H. Roux.
898. TERRE DE LORRAINE leopold LUNÉVILLE. Cyfflé.	909. STRASSBURG?	918. MOUSTIERS. Oléry.
899. Saint Clément.	910. W STRASSBURG? Wackenfeld?	919.
900. G. RAMBERWEILER? Gérard?	911a. H3 HAGENAU?	920.
901. SAARGEMÜND.		921. A.L
		922. G
		923. MOUSTIERS. Oléry.

924. ♂ A	939. M ♂	950. Thion à Moustiers.
925. R ♂	940. R N f	951. ferrat moustien
926. ♂ S 9	941. A T	952. SALOME CADET 1761.
927. B ♂	942. A B f	953. Antoine Guichard, de Moustiers 1769, le 10 X^{br}
928. B ♂	943. A · J · f	
929. B ♂	944. A B	954. MOUSTIERS G (mark) MOUSTIERS. Guichard.
930. ♂ P	945. ♂ ○ ♡	955. Soliua ca
931. F ♂		956. Miguel Vilar
932. B. ♂	946. K ♂	957. F o Grangel
933. ♂ St	947. · O Y · OLÉRY.	958. CROS MOUSTIERS.
934. ♂ T C.	948. ℬ MOUSTIERS, 1778.	959. Vf
935. G ♂ + · · · ·		960. F e
936. ♂ · O · ✿	949. (circular mark) Piery Fournier de Moustiers 1775.	961. F
937. × · T + ♂ + ‿		962. Ɛf
938. ♂ J. MOUSTIERS. Oléry.	MOUSTIERS.	963. fj MOUSTIERS.

964. *S.t*	977. *Poupre a japonns*	986. VP
965. *f.d* MOUSTIERS. Féraud?	POUPRES. 1750.	MARSEILLE. Veuve Perrin.
966. *F.d* MOUSTIERS. Féraud?	978. (A.C Clerissy a S.t Jean du dezert 1697 a marseille)	987. V̇P
967. *G*	MARSEILLE.	988. B· MARSEILLE. Bonnefoy.
968. *M.C*	979. *C.* MARSEILLE.	989. R̂ MARSEILLE. Robert.
969. M·C·A 1756·J·A	980. *A. C.* MARSEILLE.	990. RF̂ / RF̂ (crowns) MARSEILLE. Robert?
970. P.F.	981. HONORÉ SAVY MARSEILLE.	991. F· MARSEILLE. Fauchier.
971. F·P MOUSTIERS?	982. (fleur-de-lys motifs)	992. + MARSEILLE.
972. + VARAGES		993. /// MARSEILLE.
973. × VARAGES?		994. C° S MARSEILLE. Savy?
974. *v.V.v* VARAGES?	983. M.1734 MARSEILLE.	995. *Jacques Boully* MARSEILLE.
975. *G* TAVERNES.	984. Ṙ . Ṙ	996. LAURENS·BASSO· *A Toulouza Le 14.e may 1756.* TOULOUSE.
976. ✳G✳ G TAVERNES. Gaze.	985. ·R.X MARSEILLE. Robert	

997. TOULOUSE.	**1009.** I B LA ROCHELLE.	**1020.** GUIMONNEAU FORTERIE COURCELLES.
998. CASTILHON CHATILHON.	**1010.** A Angoulême de la fabrique de Madame V.S.D.ET.F. 28. Août 1784.	**1021.** par G. FORTERIE chirurgien à Courcelles 1783.
999. faite à Martres, 18 Septembre, 1775.	**1011.** R RÉNAC.	**1022.** LACOUVE GALLET DE LIGRON.
1000. JEAN GAUTIER VAUVERT.	**1012.** A. MORREINE Poitiers 1752	**1023.** SAINT LONGE.
1001. CARTUS. BURDIG BORDEAUX.		**1024.** ORLEANS.
1002. MONSAU 1783 BORDEAUX.	**1013.** F.F POITIERS. Félix Faucon.	**1025.** O (crowned) ORLEANS. XVIII Jahrhundert.
1003. M BORDEAUX. Monsau?	**1014.** BOURGOUIN RENNES.	**1026.** HUET (reversed) ORLEANS, Huet.
1004. BONNET DE BERGERAC BERGERAC.	**1015.** FAIT À RENNES. RUE HUE 1769.	**1027.** J.B. NINI. F.
1005. P.P a Limage N.D. a Saintes 1680 SAINTES.	**1016.** CHOISI RENNES.	**1028.** NINI
		1029. NINI. F.
1006. MARAN 1754 R M MARANS.	**1017.** N.D. DE GUÉLUIN RENNES?	**1030.** J.B. NINI. NINI, Chaumont.
	1018. H (in triangle) QUIMPER. Hubaudière.	**1031.** F. HALY 1734 NEVERS.
1007. M MARANS.		**1032.** :F.R. 1734 NEVERS. F. Rodriguez.
1008. M MARANS.	**1019.** Q2 QUIMPER.	**1033.** HENRI MARAIS NEVERS.

1034. P. C. — Nevers.	**1044.** fait a tours le 21 Mars 1782 Lovis ❈ Liavte — Tours.	**1057.** A̅ P
1035. ✶ ✶ ✶ — Nevers.	**1045.** Chardin à Tours Septembre 1782.	**1058.** A̅ P
1036. Carré 1757 — Nevers.	**1046.** Dupont 1797 — Tours.	**1059.** ᴿR
1037. Mason 1757 — Nevers.	**1047.** R — Apt?	**1060.** C D CABRI 1762
1038. Claude Bigourat 1764 — Nevers.	**1048.** + — Goult.	**1061.** C B
1039. a moulins — Moulins.	**1049.** ⋈ — Goult?	**1062.** ·C· ·S·
1040. chollet ferit de moulain 1742	**1050.** Fait à la Tour d'Aigues.	**1063.** ♂
1041. etienne mogain 1741 EM. — Moulins.	**1051.** Tour d'Aigues.	**1064.** F
1042. m Clermont-ferrand D'auvergne 21 janvier 1736 — Clermont-Ferrand.	**1052.** Tour d'Aigues.	**1065.** F·C- 1661
1043. A.+Limoges Le 18ᵐᵉ may J74J	**1053.** A&C	**1066.** ⁴⁄₇F·C· ²⁄₇F·C·
	1054. ALEX 1724	**1067.** F E
	1055. J:Alliot	**1068.** f L
	1056. AN	**1069.** G A A
		1070. Fait par GDE Anno 1761.
		1071. G D G 1780 ²⁄₂
		1072. J×Jamart 1696

No.	Mark	No.	Mark	No.	Mark
1073	H⋀	1089	P	1105	M (crowned)
1074	HE	1090	P+	1106	W / Z
1075	HGI	1091	P.	1107	W
1076	H	1092	6P	1108	W / H
1077	H (with G)	1093	P	1109	(fleur-de-lis)
1078	·II·	1094	PO		.P.
1079	J.	1095	P.R.		**Unbekannte Marken.**
1080	JB	1096	PV / 3/2		**Italien.**
1081	(fleur-de-lis) +Leger+ Lejeune+ +1730+	1097	R	1110	Jo Silvestro d'Agflotrinci da Deruta fate in Bagniorea 1691.
1082	AR.f	1098	R	1111	Bº Terchj (crown) Bassano — Bassano, XVII Jahrhundert.
1083	R	1099	R·B / F	1112	Antonio Terchi in (crown) Bassano — Bassano, XVII Jahrhundert.
1084	M	1100	RL	1113	Citta Borgo S. Sepolcro 6 Febraio 1771 Mart Roletus fecit.
1085	Nicolas H.V 1738	1101	R.M. / f		
1086	O/P/OP	1102	S.G.h.		
1087	OS	1103	NG (monogram)	1114	Geo:Bata:Mercati 1649 — Borgo S. Sepolchro.
1088	PR	1104	T.C.E. 1793. an 4¡		

1115. FRANC. ANT.º XAVER⁴ GRUE PHIL. ET THEOL. DOCTOR INVENTOR ET PINXIT IN OPPID. BUXI ANNO D. 1713.	1127. D.R Grue pinxit. CASTELLI.	1137. Fr. A. Grue esempui. 1677. CASTELLI.
1116. S. F. C. CANDIANA.	1128. D. F. A. GRV P. A. 17 CASTELLI.	1138. C. G. P. CARMINE GENTILE.
		1139. Gentile P. CASTELLI. GENTILE.
1117. P. A. Crosa CANDIANA. XVII Jahrhundert.	1129. Dr. Franc. Ant.º Car.l Grue P. CASTELLI.	1140. G. Rocco di Castelli. 1732.
1118. N (with crown) CAPO DI MONTE. XVIII Jahrh.	1130. Liborius Grue P. CASTELLI.	1141. Math. Roselli fec. CASTELLI
1119. CAPO DI MONTE Moʲᵒ.		1142. F CASTELLI. Fuino.
1120. F. G. DE. CHAP. 1647. CASTELLI.		1143. FUINA CASTELLI.
1121. F. GRUE ESEMPLAI 1677.	1131. L G P CASTELLI. Liborius Grue.	1144. Lvc. Ant.º Ciañico P. 1733 CASTELLI.
1122. C. P CARLANTONIO GRUE.	1132. Sg pt CASTELLI. Saverio Grue.	1145. H F CASTELLI?
1123. C. A. G CARLANTONIO GRUE.	1133. S. G. P CASTELLI. Saverio Grue.	1146. (crown) CASTELLI. XVIII Jahrh.
1124. C. A. G. P. I. CARLANTONIO GRUE.	1134. G. P. CASTELLI. Saverio Grue.	1147. (mark) CASTELLI. XVIII Jahrh.
1125. DOCTO. FRANC. ANT GRUE. F NEAP. ANNO. 1718.	1135. S. Grue. CASTELLI. Saverio Grue.	1148. (crown mark) CASTELLI. XVIII Jahrh.
1126. MDCCVII VII KAL Xbris DOTT. GRUE F.	1136. S S Grue CASTELLI. XVIII Jahrh.	1149. IOANESGRVA FECIT CASTELLI XVIII Jahrh.

1180. **M.** Mondovi. Musso.	1192. *Della fabrica di Gio Batt' Antonibon nelle nove di Decen 1755.*	1202. PRESBYTER ANTONIUS MARIA CUTIUS PAPIENSIS PROTHONOTARIVS APOSTOLICVS FECIT ANNO DOMINICÆ 1695. PAPIÆ 1695. Pavia.
1181. Fr*. Ant. Grue P. Napoli 1722.	1193. **GB NOVE** Giov. Baroni.	1203. JOHANNES VICENTIUS MAURELLUS Pavia?
1182. S. Grue P. Napoli 1719.	1194. *Faba. Baroni Nove.* Nove.	1204. G VOLPATO ROMA Rom.
1183. **F.D.V N.** Neapel. Del Vecchio.	1195. BRACCIANO ALLE NOVE	1205. BENEDETTO LUTI PITTORE DE SUA MAGESTA CAESAREA. ROMA.
1184. *G Giustiniani* **I N** Neapel. XVIII Jahrh.	1196. **S.I.G 1750** Nove.	1206. ⚓ Savona. XVIII Jahrh.
1185. **ue No:✳ G.B.A.B:** Nove. Antonibon.	1197. *ell.r FLP.1757.* Pesaro?	1207. Savona. XVIII Jahrh.
1186. ✳ Nove.	1198. *Pesaro 1771.*	
1187. Nove. G. Antonibon.	1199. *C C pesaro.*	1208. Savona. XVIII Jahrh.
1188. ✦ Nove.	1200. *C. i G. Pesaro 1765 P. P. L*:* Pesaro. Callegari & Cassali. Pietro Lei pinxit.	1209. **F** Savona.
1189. Nove. ✱	1201. PESARO Callegari & Cassali Ottobre 1786.	1210. *M Borrelli Inuent Pinx: A.S 1735.* Savona.
1190. Nove.		
1191. Nove.		

1232 ⚓ VENEDIG.	1241. F. S F	1254. M.K. 1634. AUSPITZ.
1233. VENEDIG. XVIII Jahrh.	1242. ⊕ G	1255. [shield with crown] FRAIN.
1234. Ven.ᵃ VENEDIG. XVIII Jahrh.	1243. G G⸫ G Gᵢ	1256. Beÿteuthe K. Hu. BAIREUTH. XVII Jahrh.
1235. [figure] VENEDIG (Garofalo). 1766.	1244. I. G. S.	1257. B. K. BAIREUTH.
	1245. L [horse] P	1258. BK / C BAIREUTH.
	1246. P. G. 1638	1259. B.P BAIREUTH.
	1247. P.R. NP 3	1260. B·P BAIREUTH.
1236. S·G·I·B VENEDIG. 1750.	1248. V H	1261. BP · BP BAIREUTH.
1237. A·D·P·Ac	1249. VHfj-3-	1262. ℞ BAIREUTH.
1238. 1634 3 Đ·M·	1250. W / D A	1263. ⚓ ⚓ ⚓ CÖLN. Kremer.
1239. B S 1760	1251. J.D.I.Fᵖᶦˣ Unbekannte Marken. DEUTSCHLAND.	
1240. F. F.	1252. Matthias Rosa im Anspath	1264. C M 1781 FLÖRSHEIM.
	1253. Pinxit JG. Riegel Arnstadt d: 9 Maÿ ·1775·	

— 48 —

1265. **Frankenthal.**	1277. **Hadensee.**	1287. H H **Hollitsch.**
1266. **Frankenthal.** P. Hannong.	1278. Johann Otto Leßel Sculpsit et Pinxit. Hamburg Mensis Januarij Anno 1756	1288. Welby in Teinitz **Teinitz.**
1267. H H **Frankenthal.** J. Hannong.		1289. Kiel Buchwald Director Abr: Leibamer fecit **Kiel.**
1268. H* **Frankenthal.** J. Hannong.	1279. **Hanau?**	
1269. ANTONIUS BERNARDUS VON VEHLEN. 1770. **Gennep.**	1280. **Höchst.**	1290. B. Dir.t A.L 69 **Kiel.**
1270. P.H.WM 1715 **Gennep?**	1281. **Höchst.** XVIII Jahrh.	1291. K / B / L **Kiel.**
1271. ANTONI CARDINAL. **Gennep?**	1282. jZ G **Höchst.** XVIII Jahrh.	1292. K. / J / K **Kiel.**
1272. GERRIT LONNE **Gennep?**	1283. ⊕ Zeschinger **Höchst.** XVIII Jahrh.	1293. Kiel / T. / P **Kiel.**
1273. PETER MENTEN **Gennep?**	1284. **Höchst?**	1294. K / A L 68/ **Kiel.**
1274. J. H A **Gennep.**	1285. Hollitsch	1295. K. / B. / R..C. **Kiel.**
1275. göggingen HS	1286. H **Hollitsch.**	
1276. **Hadensee.**		

1296. Künersberg	**1304.** J. G. K. NÜRNBERG.	**1317.** W (with markings) SCHREITZHEIM.
1297. (symbols) KÜNERSBERG?	**1305.** B. K. NÜRNBERG.	**1318.** S SCHREITZHEIM.
1298. Herr Christoph Marx, Anfänger dieser althiesigen Nürnbergischen Porcelaine-Faberique. A. 1712, Aetatis suae 60. Georg Michael Tauber pinxit Aetatis suae 20 † den 22 November 1720 NÜRNBERG.	**1306.** K NÜRNBERG.	**1319.** PINXIT F. G. FLIEGEL. St. Georgen am See 3 Noffember 1764.
	1307. GK: NÜRNBERG.	**1320.** (monogram) ₹-E, W 22 STRALSUND.
	1308. G:Kosdenbusch. G. KORDENBUSCH.	
	1309. NB. NB NB: K: F 4. NÜRNBERG.	**1321.** (monogram) F. 20/7 E 68. P.F. STRALSUND, 1768.
1299. Herr Johann Conradt Romedi, Anfänger dieser Alhiesigen Porcelaine-Faberique A. 1712. In Gott verschieden A. 1720. Aetatis suae 1672. Nürnberg. Johann Michael Tauber. Bemahlt Anno 1720 † den 22 November. NÜRNBERG.	**1310.** G. F. GREBNER 1720. NÜRNBERG.	
	1311. G. F. GREBER NÜRNBERG.	**1322.** ₹-E 20/7 68 STRALSUND, 1768.
	1312. Nurnberg 1723. Glüer.	
1300. Ströbel: A° 1730 ₹: 3. 7. 1 0bris: NÜRNBERG. Ströhel.	**1313.** JOHANN SEBALT FRANTZ NÜRNBERG?	**1323.** (crossed tools) ARNSTADT, XVIII Jahrh.
	1314. T NÜRNBERG.	**1324.** A.N. ALTENROHLAU. Nowotny.
1301. B. NÜRNBERG.	**1315.** Stebner 1771 d. 13 8bris NÜRNBERG.	
1302. NPößinger Anno 1725 NÜRNBERG.		**1325.** (anchor) POPPELSDORF. XVIII Jahrh. M. Wessel.
1303. NK NÜRNBERG. Kordenbusch?	**1316.** B SCHREITZHEIM.	

1326. Schaphuÿsen. Gerrit Euers. SCHAFFHAUSEN.	1339. ∗	1355. L
1327. PAULUS HAMMELKERS SCHAFFHAUSEN.	1340. F	1356. M
1328. S.O. $\frac{1707}{40}$ H. C. W. SOLOTHURN?	1341. F..B.C.F. 1779	1357. M
1329. D.M WINTERTHUR.	1342. G·C·P· 1750	1358. ▭R N
1330. Z ZÜRICH.	1343. GHEDT W:I:M 1750	1359. O 𝔽
1331. $\frac{B}{Z}$ ZÜRICH.	1344. H	1360. F: Pahl:: A₀̄::1796:
1332. ♟ ZÜRICH.	1345. H	1361. PH
1333. ᴁ	1346. H·	1362. ▭R M 67
1334. $\frac{A}{P} \over MR$	1347. HE JA	1363. R·M E
1335. $\frac{B}{S}$	1348. I-P G	1364. S.
1336. ʃ: 12 8br A 1739 Valentin Bontemps	1348. H L	1365. K B B
1337. ·LBurg. 1792·	1350. :HS:	1366. T.
1338. $\frac{DP}{53X}$	1351. HKN	1367. TDR
	1352. HV XX	1368. VH 3
	1353. K	1369. W
	1354. J	

Unbekannte deutsche Marken.

51

Mark	No.	Mark	No.	Mark	No.
WR	1370.	(circular mark)	1382.	(star) DB	1392.
Y	1371.	Marcus Gouda, 1675.		✱ 130	1393.
ω	1372.	(A monogram)	1383.	AK AK	1394.
(fleur-de-lis)	1373.	Q. Kleynoven, 1680.		AK	1395.
x a	1374.	(PKAP monogram)	1384.	AK De Witte Ster A. Kiell, 1764.	1396.
M / F / t	1375.	AK, n 5, 146/268 Keyser and Pynaker, 1680.	1385.	I.D.A De Vergulde Boot I. den Appel, 1764.	1397.
Unbekannte deutsche Marken		I✱K Jans Kuylick, 1680.	1386.	D.VD.D	1398.
Holland.				Roos D (flower) De Roos D. Van der Does, 1764.	1399.
Delft.		MS Johannes Mesch, 1680.	1387.		
MP/o/9	1376.	x fortuyn T'Fortuyn.	1388.		
MP De Metaale Pot. 1680.	1377.	W.V.D.B. W. Vander Briel.	1389.	(mark)	1400.
✱ C.B / D.ÆN	1378.	✱ A.K.	1390.	L.S / 7 De Klaauw Lambert Sanderus, 1764	1401.
D₂ ÆN	1379.				
p'auw	1380.	✱ iB De Witte Ster. Delft.	1391.	WD De Drie Klokken W. Van der Does, 1764. Delft.	1402.
I.D.M De Paauw — Delft. 1651.	1381.				

1403. (3 bells symbol)	1415. R$	1427. D.S.K. de Jubbelde Schenkkann T. Spaandonck, 1764.
1404. (bells symbol) De 3 Klokken.	1416. P.P.P. De Byl. Justus Brouwer, 1764.	1428. LP kam
1405. I.T.D. De Griekse A — I. T. Dextra, 1764.		1429. LP K
	1417. ♭ ♃	1430. L.P.K
1406. DEX //		1431. L.P Kum De Lampet Kan — G. Brouwer, 1764.
1407. Z:DEX. 18 — 2 Dextra, 1764.	1418. HB H. Brouwer, 1764. de drie porcelaine fleschjes.	1432. ⟨P⟩
	1419. H.V.M.D	1433. W V.B de twe Wildemanns W. Van Beek, 1764. DELFT.
1408. I.H J. Halder.	1420. THART S. P. Roerder?	1434. R
	1421. thart. T' Hart, 1764. H. Van Middeldyk.	1435. X Delft?
1409. (symbol) H. van Hoorn.	1422. Æ Æ A. Pennis, 1764.	1436. P. Visser 1769
1410. Astonne H V H H. van Hoorn.	1423. Duyn	1437. C. Zachtleben F.
1411. AM	1424. Duyn J. Van Duyn, 1764.	1438. Jan Decker 1698
1412. VR De Romeyn P. Van Marum, 1764.		1439. Johann deobalt frantz 1724
	1425. De Blompot. P. Verburg, 1764.	1440. J. Baan.
1413. V.B.S. Vander Hagen. 1764.	1426. PD P. Van Doorne, 1764. de porcellaine fles. DELFT.	1441. M. Kuik.
1414. GVS G. Verstelle, 1764. DELFT.		1442. I Kuwzt 1775

1443. ᛯE Suter Van der Even.	1453. K̇ AK̇	1466. G B / X
1444. S. v. d. Even?	1454. ᛯR	1467. E K
1445. AMSTERDAM, 1780. H. Van Laun.	1455. AP	1468. H D K / 3
	1456. AV 27½ / 0	1469. H G E G 1732
1446. Aalmes 1731 ROTTERDAM.	1457. A¢ 3 / 1 / 2 / 3	1470. M h G
1447. Gaberil Vengobechea Houda HOUDA. XVIII Jahrh.	1458. ∴B∴	1471. H P I
		1472. İ D W
1448. B / R	1459. B	1473. İ G 26
	1460. B V D	1474. K̇ K̇
1449. B	1461. Cx 15 0	1475. Ṗ
1450. SEPTFONTAINES. BOCH.	1462. £ / ℯ	1476. V̇B E 5
	1463. Σ N ʌ	1477. V̇
1451. AB	1464. F D H	1478. W H
1452. A / D / 12 Unbekannte	1465. fi holländische	1479. J G 22 / 2 Marken.

1480. J v o H / 3	1493. R	1508. I W
1481. J E	1494. VA V / N:180	1509. V E / 3
1482. K: D	1495. VA / T /	1510. H.S.I / R
1483. K F	1496. V: / 2 / 2	1511. F e
1484. V / 2 / 4 / C K	1497. V E / D.S	1512. M.P.
1485. J K		1513. P / 15
		G.D. b.
1486. M V B / 1757	1498. VK VK	1514. V A
	1499. (branch)	1515. V H
1487. P	1500. (hand)	1516. 16 G 9 / A F
1488. P / 15	1501. AR	1517. I E
1489. P V B	1502. AR	1518. X / 15×
1490. P.V.D.S. / A°=1754.	1503. K	1519. (mark)
1491. 9/18 / PVS / WVS / 1717	1504. D.V.X.I	1520. B·t.
	1505. AE	1521. S.L.
1492. R	1506. D	1522. AR.
	1507. 18	

unbekannte holländische Marken

No.	Mark	No.	Mark	No.	Mark
1523	AR	1535	AIB ANNO 1774	1553	PC ◊
1524	I·D·P 1698	1536	C.D.G.	1554	H:S.T R |||| |||| |||| |||| |||| ||||
1525	♂ 180	1537	VL P		
		1538	B F S		
1526	K v K 1737	1539	H v S 1781	1555	P K
1527	G D G 1779	1540	V ▢ ✳	1556	G K
1528	D.M	1541	D / 18		
1529	I.G.V 1768	1542	Ŵ	1557	1763 / Z / 4
1530	K	1543	VR̄		
		1544	H·	1558	(head in profile)
1531	7/180	1545	W.D.		
		1546	B P	1559	R$
1532	S.J.8. ✳	1547	I G	1560	R
		1548	D		
1533	J.V.L 1773	1549	M.Q.	1561	K
1534	AVH D7M ZD 1773	1550	R.T.C	1562	R R÷I 1765
		1551	A.I.1663.	1563	M.V.B 1757
		1552	S.M. 1725		

Unbekannte holländische Marken.

1564. AP 1719 8 16	1574. C CC C.R. TERVUEREN. XVIII Jahrh.	**Spanien und Portugal.**	
1565. HDX 13 11	1575. IM. MALINES.	1586. A ALCORA. XVIII. Jahrh.	
1566. R	1576. ♡ BRUGES.	1587. ALCORA ESPAÑA SOLIVA. ALCORA.	
1567. 8 ≋	1577. G A	1588. C O ›	
1568. H 12 30	1578. í ALCORA?	1589. AU	
1569. PDWT 1700	1579. F 1677	1590. CHRIS. OVALEROS. ALCORA?	
1570. PVM 36 Unbekannte holländische Marken.	1580. F 1·6·8·0	1591. (crown 16 10) M MANISES. XVII. Jahrh.	
Belgien.	1581. ND Stoot 1720	1592. S ✶	
1571. 6 ✶	1582. Sr 6	1593. S ✶ L SEVILLA.	
1572. ✶ ♫	1583. 127 DC VP SEVILLA.	1594. De la Real Fabrica de Azulejos de Valencia Año 1836. VALENCIA.	
1573. ✶ G TOURNAY. XVIII. Jahrh.	1584. V Gtt 16u 5⚡ 1585. R|G Unbekannte belgische Marken.		

1595. Sol De Juana Zamore 1786. Valencia?	1604. *Stockholm 14/8 1759 Rörst.*	1612. MB.E — 24.64/11 E. & B. 24.65/1. Marieberg, 1764. Ehrenreich, Director. Frantzen, Maler
1596. *M* Sevilla?	1605. *Stockholm AF. /35.* Stockholm. A. Fahlstrom, Maler.	1613. MB·B M 14/10 68
1597. Na Real Fabrica do Cavaquinho Porto.	1606. *Storkhulm 22/8 1751 DB* Stockholm. D. Hillberg, Maler.	1614. M Marieberg.
1598. M. P. Porto.	1607. Stockholm. Hakon Arigman. 1737.	1615. MB Marieberg.
Schweden.	1608. Alla wakra flickors Skal. Stockholm. 1751. D. P.	1616. Marieberg.
1599. *Rörstrand 25/6 65*	1609. *Hoff B. dir C fixit*	1617. << CC cc c C cc — — — V E E Marieberg?
1600. *Rör A. 10/7 70 24β KY C.E/3*	1610. MBE	1618. M J J
1601. R — Nº 1¼ H	1611. NB. 4W 14.70/9 S Marieberg, Sten, Director.	1619. Helsinberg. XVIII. Jahrh.
1602. Aff B A Rörstrand.		Russland.
1603. Hff B. A Stockholm.		1620. KIEBZ. 13 11 Kieff.

England.		
WEDGWOOD. 1621	S 1636	J. VOYEZ 1647 COBRIDGE.
Wedgwood. 1622		1648 (crown mark: WARRANTED STAFFORDSHIRE)
Wedgwood 1623	So S 1637	
Wedgwood & Bentley 1624	Sx 1638	
W & B. 1625	SALOPIAN 1639 CAUGHLEY. Turner.	1649 (Stevenson ship mark) COBRIDGE. 1780.
WEDGWOOD 1626 & BENTLEY.	TURNER. 1640 CAUGHLEY.	B Plant 1650 Lane End. LANE END.
1627 (BENTLEY WEDGWOOD circular mark)	1641 (H. PALMER HANLEY circular mark)	Aynsley. 1651 Lane End. LANE END.
O 1628 3 1780.	1642 (I. NEALE HANLEY circular mark)	May. & Newb. 1652
ሰ 3 ( ) 5 9 1629 1810.		M. & N. 1653 LANE END. MAYER & NEWBOLD.
AOY—AAS etc. 1630 1845 und später. BURSLEM, 1759. ETRURIA, 1769; Wedgwood.	M 1643 HANLEY. Miles.	J. Harley Laneend. 1654
R. SHAWE. 1631 BURSLEM 1730—1740.	MEIGH 1644 HANLEY.	C 1655 LEEDS.
83 1632 Ra. Wood Burslem Aaron Wood. BURSLEM 1750.	1645 (crown) C WILSON HANLEY.	G 1656
ENOCH WOOD. 1633 BURSLEM, 1784.	1646 (crown) CLEWS Warranted Staffordshire COBRIDGE. 1814.	1657 LEEDS POTTERY (crossed)
WOOD and CALDWELL. 1635 BURSLEM, 1790—1818.		Hartley, Greens & Co. 1658 LEEDS POTTERY. LEEDS. 1783.

1659. ↗	**1670.** [bird on water] LIVERPOOL.	**1682.** [bottle with C]
1660. ⋏	**1671.** LIVERPOOL [anchor] LIVERPOOL.	
1661. [crown] G	LONGPORT.	Cambrian Pottery
1662. C G W LEEDS. HARTLEY GREENS & CO.	**1673.** Davenport LONGPORT.	**1684.** CAMBRIAN
1663. Richard Chaffers 1769. LIVERPOOL.	**1674.** DAVENPORT [anchor]	**1685.** HAYNES, DILLWYN & CO. CAMBRIAN POTTERY, SWANSEA.
1664. P P LIVERPOOL. Pennington.	**1675.** Davenport [anchor]	**1686.** ROCKINGHAM.
1665. HERCULANEUM [crown]	**1676.** DAVENPORT [anchor] STONE CHINA LONGPORT. John Davenport.	**1687.** [winged horse] Rockingham Works. Brameld.
1666. HERCULANEUM [crown]	**1677.** ♂ ROGERS. LONGPORT.	**1688.** Brameld. SWINTON. ✳
1667. HERCULANEUM POTTERY.	**1678.** John Smith Parr of Basford near Nottingham 1712. NOTTINGHAM. Morley.	**1689.** ↓
1668. HERCULANEUM RICHARD ABBEY. Liverpool.	**1679.** SPODE.	**1690.** ↙ Absolon yarm ⊙ YARMOUTH.
1669. [bird on flag] LIVERPOOL. Case Mort & Co.	**1680.** ℳ **1681.** ℳ 499 MINTON. Stoke upon Trent.	**1691.** D. D. & CO. CASTLEFORD POTTERY.

FERRYBRIDGE. 1692	1703	**Frankreich.** FRITTEN-PORZELLAN.
WEDGWOOD & Co. 1693 FERRYBRIDGE.	1704	A. P. 1713 Poterat.
𝕻𝕳 1712 ATIC 1694 YEARSLEY. Wedgwood, 1700.	T. H & O. 1705.	A. P. 1714 ROUEN. Poterat.
E M B 1760. 1695. BRISTOL.	1706.	ℬ 1715
✠ 1696 BRISTOL.	NEWCASTLE 1707.	1716
MYATT 1697 LANE DELPH. 1780.	E. GUNTHER & Co SBB 1708	1717 ST. CLOUD. Chicanneau.
Dublin 1698. DUBLIN.	1709	1718 ST. CLOUD. 1695—1773.
DONOVAN. 1699.	Opaque China L & H L E 1710	S.t C T 1719 ST. CLOUD. Trou, 1730—1762.
DON POTTERY. 1700.	P & F W. 1711	C M ✠ 1720 PARIS. Chicanneau & Moreau. Faubourg St. Honoré, 1730.
GREEN. DON POTTERY. 1701.	CHEATHCOTE & Co. CAMBRIA N.º 7 1712	P.E ✠ 1721
AT R 1702. DONCASTER. 1790.	STAFFORDSHIRE.	S ✠ 12 B B 1722 ST. CLOUD?

— 61 —

1723. **·L·** LILLE.	1734. (monogram) VINCENNES. A. 1753.	1735. (mark) *1769.
1724. **LL.** + LILLE.	1736. ZEITTABELLE DES SÈVRES-PORZELLANS.	
1725. **D** LILLE.		
1726. **·L· + B** LILLE.		
1727. (horn mark)		
1728. (horn) *chantilly*		
1729. (P over horn) CHANTILLY.		
1730. De Roche rue Coquillière Nr. 12 à Paris.	1737. MONOGRAMME DER MALER UND DEKORATEURE.	
1731. **.D.V.** MENECY.		
1732. (fleur-de-lis mark)		
1733. (mark)		

1736. ZEITTABELLE DES SÈVRES-PORZELLANS.

A (Vincennes)	1753	P	. 1768	EE	. 1782		
B (ditto)	1754	Q	. *1769	FF	. 1783		
C (ditto)	1755	R	. 1770	GG	. 1784		
D	1756	S	. 1771	HH	. 1785		
E	1757	T	. 1772	II	. 1786		
F	1758	U	. 1773	JJ	. 1787		
G	1759	V	. 1774	KK	. 1788		
H	1760	X	. 1775	LL	. 1789		
I	1761	Y	. 1776	MM	. 1790		
J	1762	Z	. 1777	NN	. 1791		
K	1763	AA	. 1778	OO	. 1792		
L	1764	BB	. 1779	PP	. 1793		
M	1765	CC	. 1780	QQ	. 1794		
N	1766	DD	. 1781	RR	. 1795		
O	1767						

Die Buchstaben sind zuweilen ausserhalb der Marke angebracht.

Jahr IX	...1801...	T 9	1807	 7
„ X	..1802...	X	1808	 8
			1809	 9
			1810	 10
„ XI	...1803...	11	1811	. . . . o.z.
			1812	. . . . d.z.
„ XII	...1804...	(mark)	1813	. . . . t.z.
			1814	. . . . q.z.
„ XIII	...1805...	(arrow)	1815	. . . . q.n.
			1816	. . . . s.z.
„ XIV	...1806...	(bars)	1817	. . . . d.s.

Von 1818 an wird das Jahr durch die beiden letzten Zahlen desselben ausgedrückt. 1818 = 18, 1819 = 19 etc. etc.

1737. MONOGRAMME DER MALER UND DEKORATEURE.

N	ALONCLE.
(house)	ANTEAUME.
(monogram)	ARMAND.
As or A	ASSELIN.
(monogram)	AUBERT aîné.
B	BAR.
ℬ.	BARRAT.
BD	BAUDOUIN.

1738.		1739.	
6.	Bertrand.	S c	Chanou, Sophie, später Mme Binet.
★	Bienfait.	c.p:	Chapuis, Sen.
.T.	Binet.	j.c.	Chapuis, Jun.
S c	Binet, Mme, née Sophie Chanou	※	Chauvaux, Sen.
B	Boucot.	j.n.	Chauvaux, Jun.
Pb. P B.	Boucot, P.	⁂	Choisy, De
🌳	Bouchet.	U	Chulot.
y.	Bouillat.	c.m. cm	Commelin.
R.B.	Bouillat, Rachel später Mme Maqueret	~	Couturier.
B.	Boulanger.	♪	Cornaille.
Bn.	Bulidon.	▲	Dieu.
m.b. MB	Bunel, Mme, née Buteux, Manon	k K.	Dodin.
⚓	Buteux, Sen.	D R	Drand.
9.	Buteux, sen. Sohn	J D	Durosey, Julia.
△	Buteux, jun. Sohn.	S D	Durosey, Soph. später Mme Nouailher
△	Capelle.	D	Dusolle.
⚬	Cardin.	D T.	Dutanda.
5	Carrier	⌒	Evans.
c.	Castel.	F	Falot.
✱	Caton.	∴	Fontaine.
S X	Catrice.	♡	Fontelliau.
ch.	Chabry.		

ƒ. ×.		Fumez.	▼		Le Guay.
G		Genest.	L. L		Levé, Vater.
G d.		Gerrard.	ƒ		Levé, Sohn.
R.....	ℛ	Girard.	M		Massy.
☤		Gomery.	s		Mérault, Sen.
G t.		Gremont.	9		Mérault, Jun.
X.		Grison.	x		Michaud.
J h.		Henrion.	m . M		Michel
h c.		Héricourt.	M		Moiron.
W.	W	Hilken.	M		Morin.
h.	h.	Hunij.	⚲		Mutel.
L.		Joyau.	n q		Niquet.
j.		Jul N.	◠		Noel.
LR		La Roche.	P		Parpetie, Philippe.
L.		Le Bel, Sen.	L. P		Parpette, Louise.
LB. LB		Le Bel, Jun.	ƒ		Pfeiffer.
LF	LF	Unbekannt.	p.		Pierre, Sen.
LL	LL	Lecot.	Pγ . pγ.		Pierre, Jun.
⌣		Ledoux.	S.t		Pithou, Sen.
2G	LG	Le Guay.	S. j.		Pithou, Jun.
			HP.		Prevost.
			🏺		Pouillot.

⋮⋮	Raux.
XX	Rocher.
⚡	Rosset.
RL	Roussel.
S.h.	Schradre.
s s p.	Sinsson, Vater.
〰	Sinsson.
⋮⋮⋮	Sioux.
O	Sioux, Jun.
✲	Taillandier.
• • •	Tandart.
◇	Tardi.
• • • •	Theodore.
♩ ♩	Thevenet, Sen.
j t.	Thevenet, Jun.
VD	Vandé.
γ. t	Vautrin, später. Mme Gerard
W	Vavasseur.
⌐⌐	Viellard.
▲▲▲	Viellard.
2000	Vincent.
✝ ✝	Xhrouet.

PERIODE VON 1800 BIS 1845.

J. A.	Andre Jules.
B. r.	Beranger.
ℬ	Barbin, F.
AB	Boullemier, A.
C D	Develly, C.
D. I.	Didier.
A. D.	Ducluseau, Mme.
F.	Fontaine.
G. G.	Georget.
h. D.	Huard.
E	Julienne, Eug.
L G cc	Langlace.
L. B.	Le Bel.
L. G.	Le Gay, Et. Ch.
R	Poupart, A.
P.h.	Philippine.
R	Regnier, F.
S. W.	Swebach.

UNGEWISSE MARKEN.

J.F.	P.H	ts
VB	I.N.	∿

UNGEWISSE MARKEN VON MALERN ZU SÈVRES.

Marke		Marke		Marke		Marke		Marke		Marke
Y)		Y		ℬ		FM		⚲		𝔐

MALER DER NEUESTEN ZEIT. SÈVRES.

Marke	Maler	Marke	Maler
ÆB	Barré.	FM	Merigol, F.
ÆB	Bonnier, Achille.	P	Pline.
ŒB	Bulol, Eugène.	ℜ	Rejaux, Emile.
L C.	Carpentier.	ƐMR	Richard, Emile.
ÆD	David, Alexandre.	E. R	Richard, Eugène.
DC	Derichsweiler.	ℛ	Richard, Francis.
ℍ	Lambert.	⁑	Richard, Paul.
EL	Leroy (Eugène).	℞	Riocreux, Isidore.
𝒩	Martinet.	J.T	Trager, Jules.

SX	ORLÉANS. (trestle mark)	TOUR D'AIGUES?
⚓ ⚓	MP ETIOLLES.	BR
⚓ SCEAUX.	(tower) TOUR D'AIGUES.	B la R BOURG LA REINE.

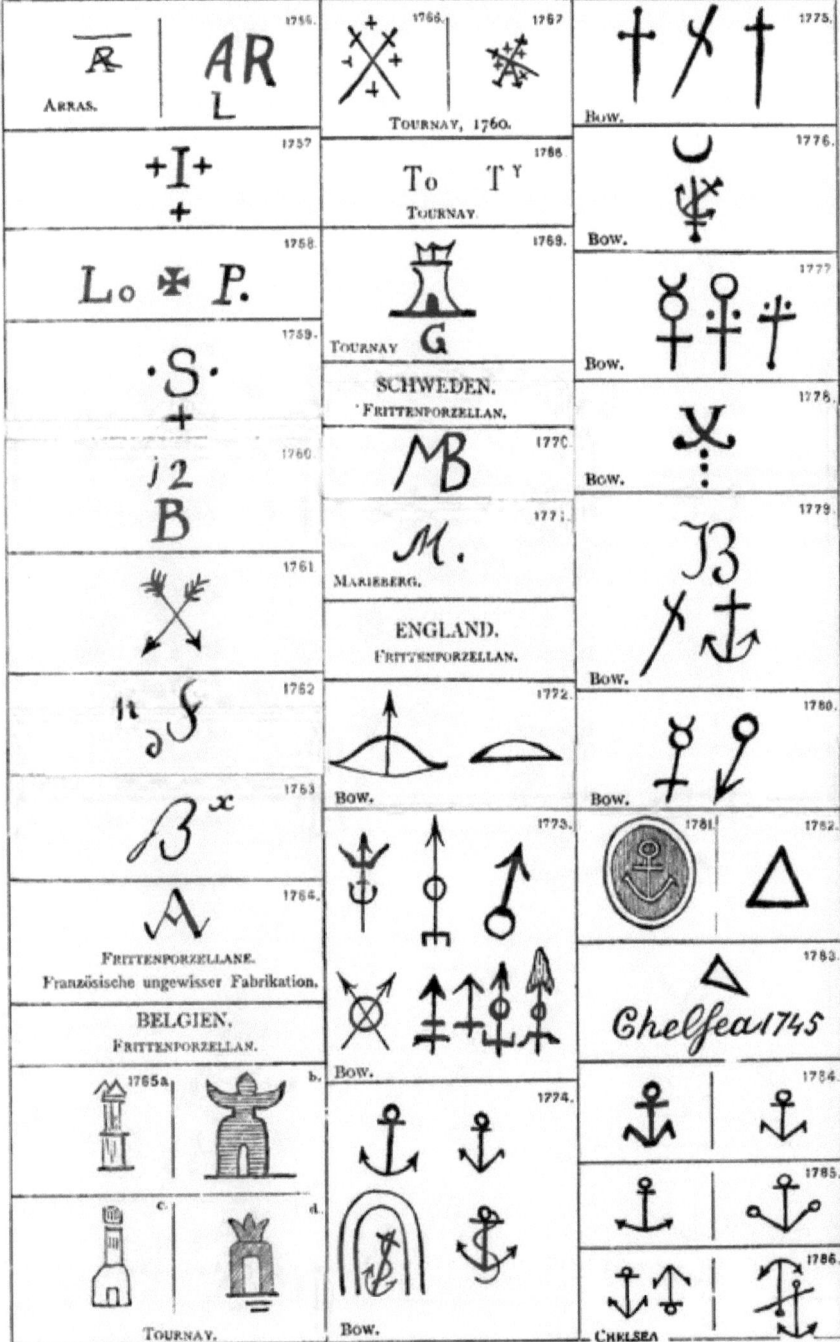

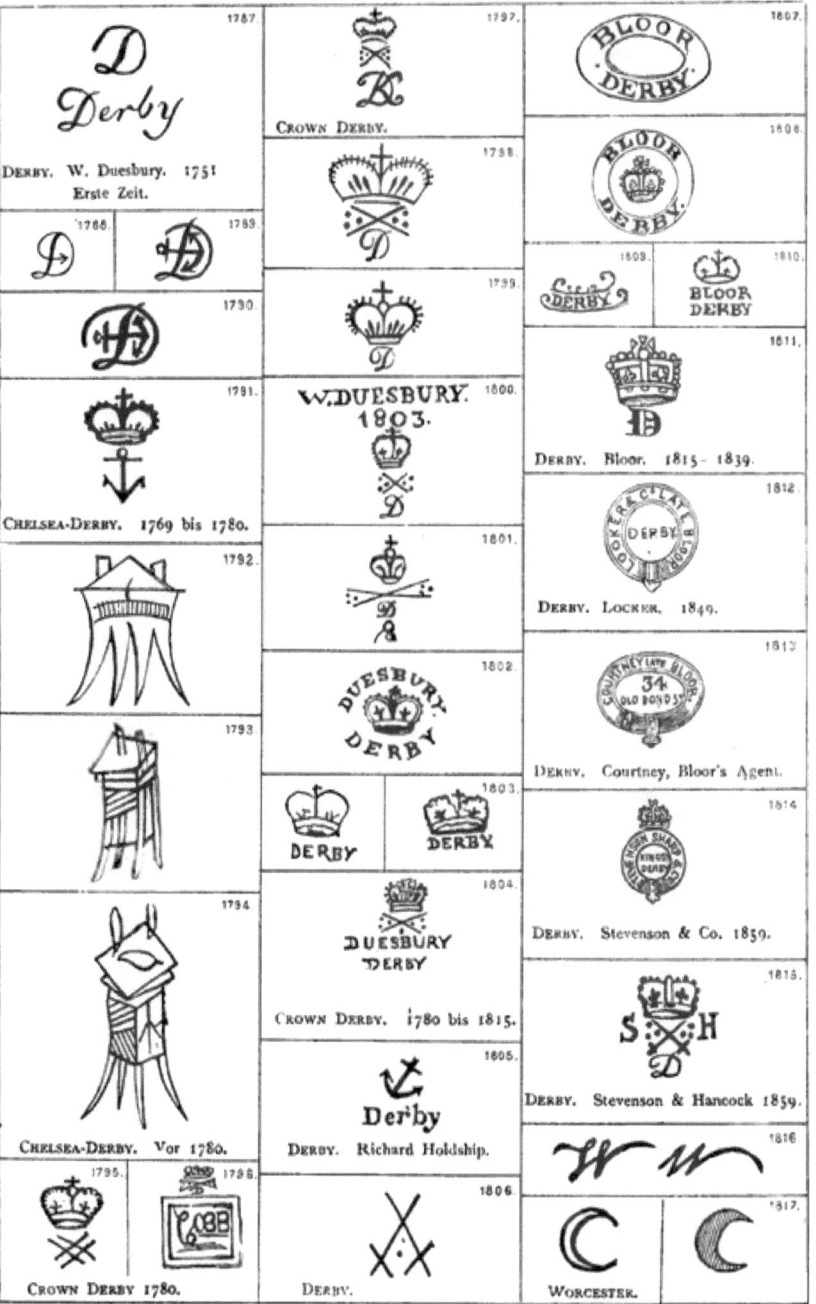

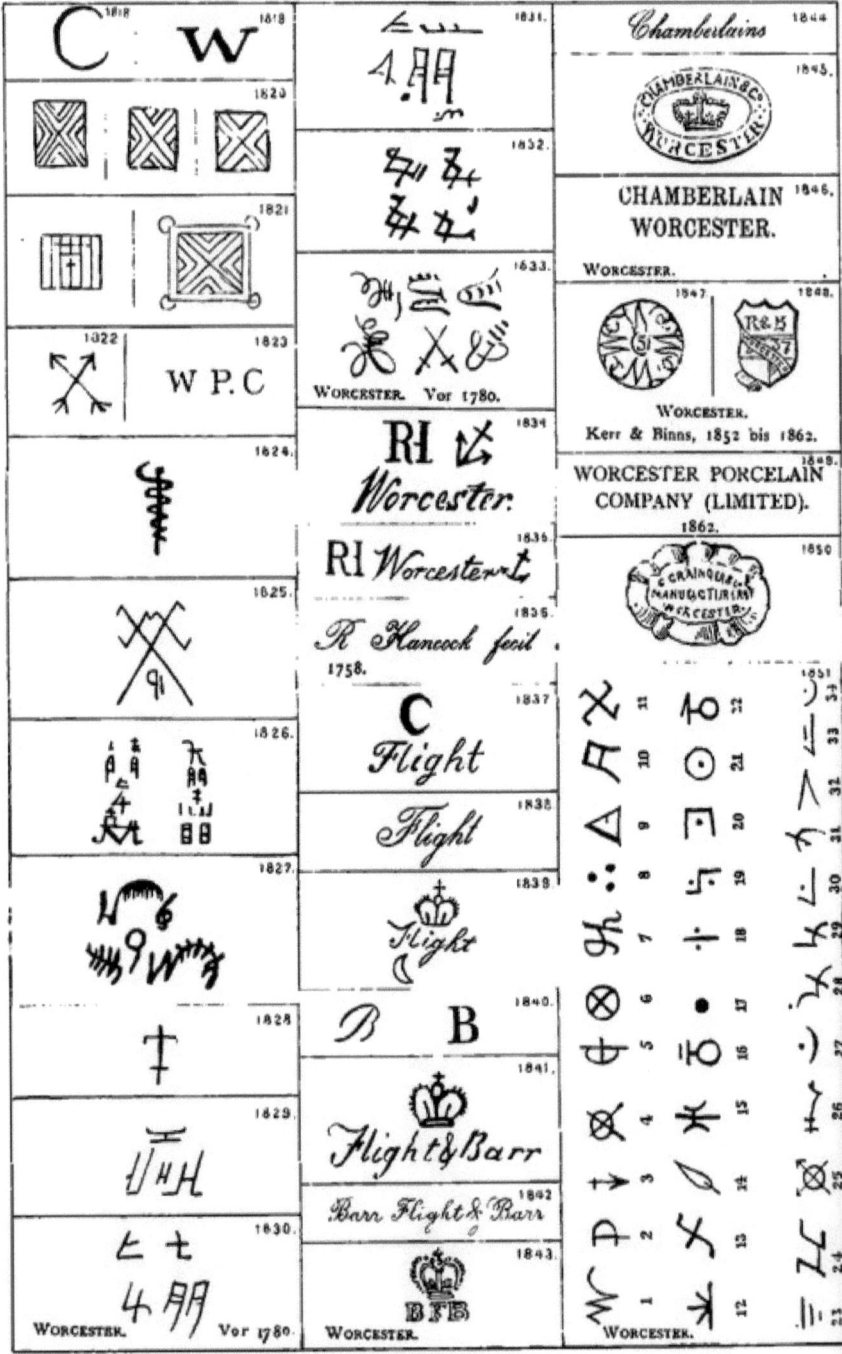

1852 **C** (crescent) **SALOPIAN.**	1865 *C Dale.*	1883 SPODE. Felspar Porcelain.
	1863 *Coalport.*	1864 C and G. New Blanche.
1853 ·S· XX	1870 ₢ / 1871 (rose)	1885 C and G. Saxon Blue.
1854 (arrow)	1872 ₢ COALPORT. J. Rose.	1886 ℃ COPELAND STOKE. Aldermann Copeland
1855 ⚴	1873 DILLWYNS ETRUSCAN WARE.	1887 MILES MASON
	1874 OPAQUE CHINA	1888 M. Mason.
1856 / 1857	1875 SWANSEA.	1889 MASON'S CAMBRIAN.ARGIL.
1858 / 1859	1876 Swansea.	
	1877 SWANSEA DILLWYN&Cº	1890 Mason's Iron Stone China. LANE DELPH.
1860 / 1861	1878 SWANSEA ⚔	1891 NANT-GARW. G. W.
1862 / 1863	1879 ⚴ SWANSEA.	1892 ↑ No 6 NANTGA.W.
1864 / 1865 CAUGHLEY. Turner. 1772-1799.	1880 Felspar China. STOKE.	1893 *Donovan. Dublin.* DUBLIN. 1790.
1866 *CD* 1867 *C.D.* COLEBROOK DALE.	1881 (mark) STOKE. Minton's, 1851. 1882. M STOKE. Minton.	1894 W. GOULDING June 20ᵗʰ 1770. ISLEWORTH.

— 70 —

ITALIEN. FRITTENPORZELLAN.	Jacobus Helchis fecit 1903. VENEDIG.	1915.
1895. *Lodovico Ortolani Veneto dipinse nella Fabrica di Porcelana in Venetia* VENEDIG. Ortolani. Um 1740.	1904. 1905. ⚓ T.G. COZZI.	N.S. CA 1917. DOCCIA. XVIII Jahrh.
1896. Ven=d	1906. 1907. ⚓ G.M COZZI. Giovanni Marconi.	1918. CAPO DI MONTE. 1736.
1897. Ven a	1908. A.G. *	
	1909. A.E.W.	1919. :n.
VENEDIG.	1910. i.W VENEDIG.	1920. N (crowned) CAPO DI MONTE. Um 1759.
1898. Ven.ª A.G. 1726.	1911. ✳	1921. RF (crowned)
1899. Venª	1912. P.F DOCCIA. Fanciullacci.	1922. R (crowned) RF CAPO DI MONTE. Um 1780. Rex Ferdinandus.
1900. Vª VENEDIG Vezzi.	1913. ✳ ✳	
1901. C.P a L i:10	1914. ✡	1923. Apiello
1902. C.P. N.3 VENEDIG.	1915. GINORI. DOCCIA. XVIII Jahrh.	1924. BG. CAPO DI MONTE. Giustiniani.

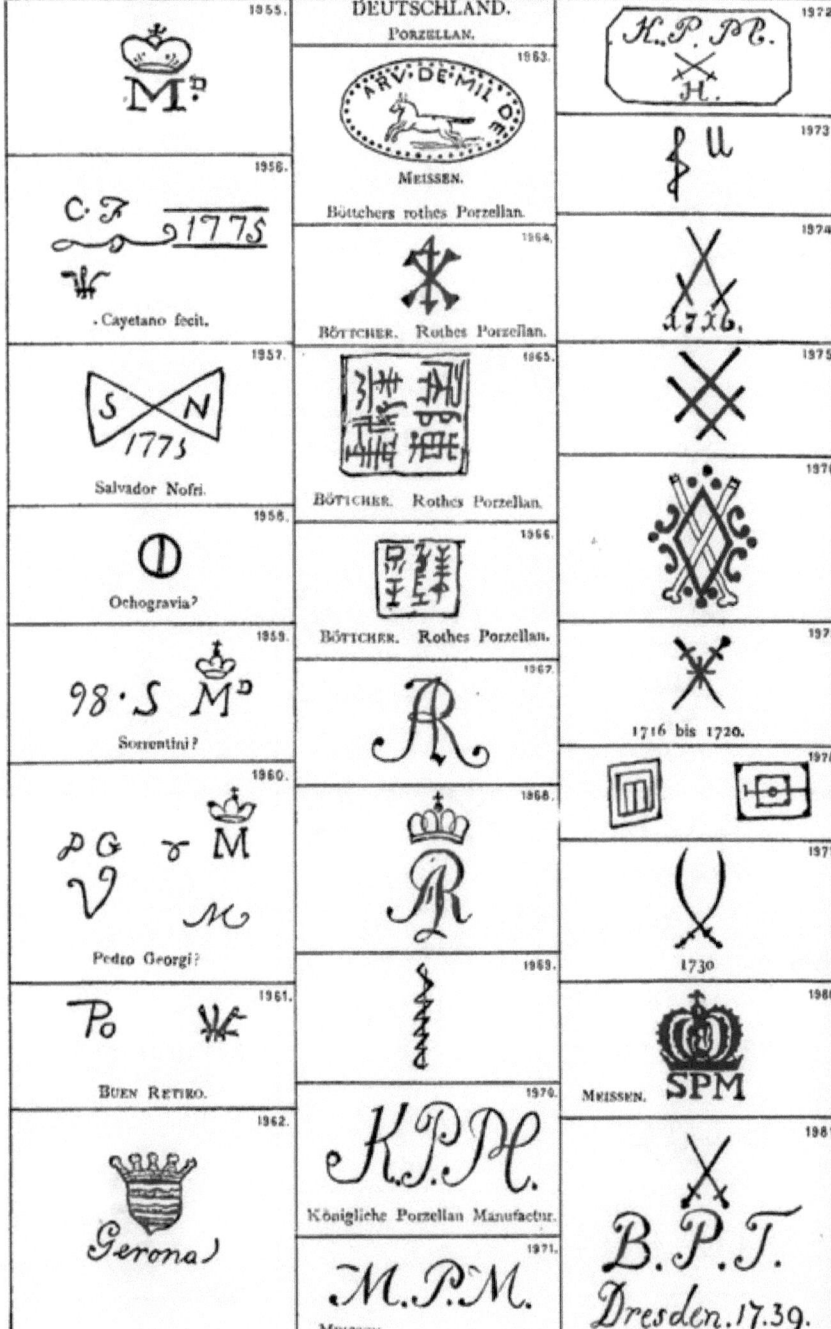

— 73 —

1982. K.H.C.W.	1994.	2002. CB
1983.	1995. ANSPACH.	2003. Baijreüth der Fücht BAYREUTH. XVIII. Jahrh.
1984.	1996.	2004. A WIEN.
1985.	1997.	
1986.	1998. A A A	2005. M
1987.	1999. A	2006. HÖCHST.
1988. 1989.		2007.
1990. 1991.		2008. F 1758
1992. O F Kühnel 35 Jahr in Dienst 57 Jahr alt 1776	2000. A ANSPACH (BAYERN) 1718.	2009. FF FÜRSTENBERG.
1993. C. F Herold invt. et fecit. a meißt 1750. d 12 Sept. MEISSEN.	2001. Bäyreith 1744	2010. N NEUHAUS.

FR. JÄNNICKE. MARKEN UND MONOGRAMME.

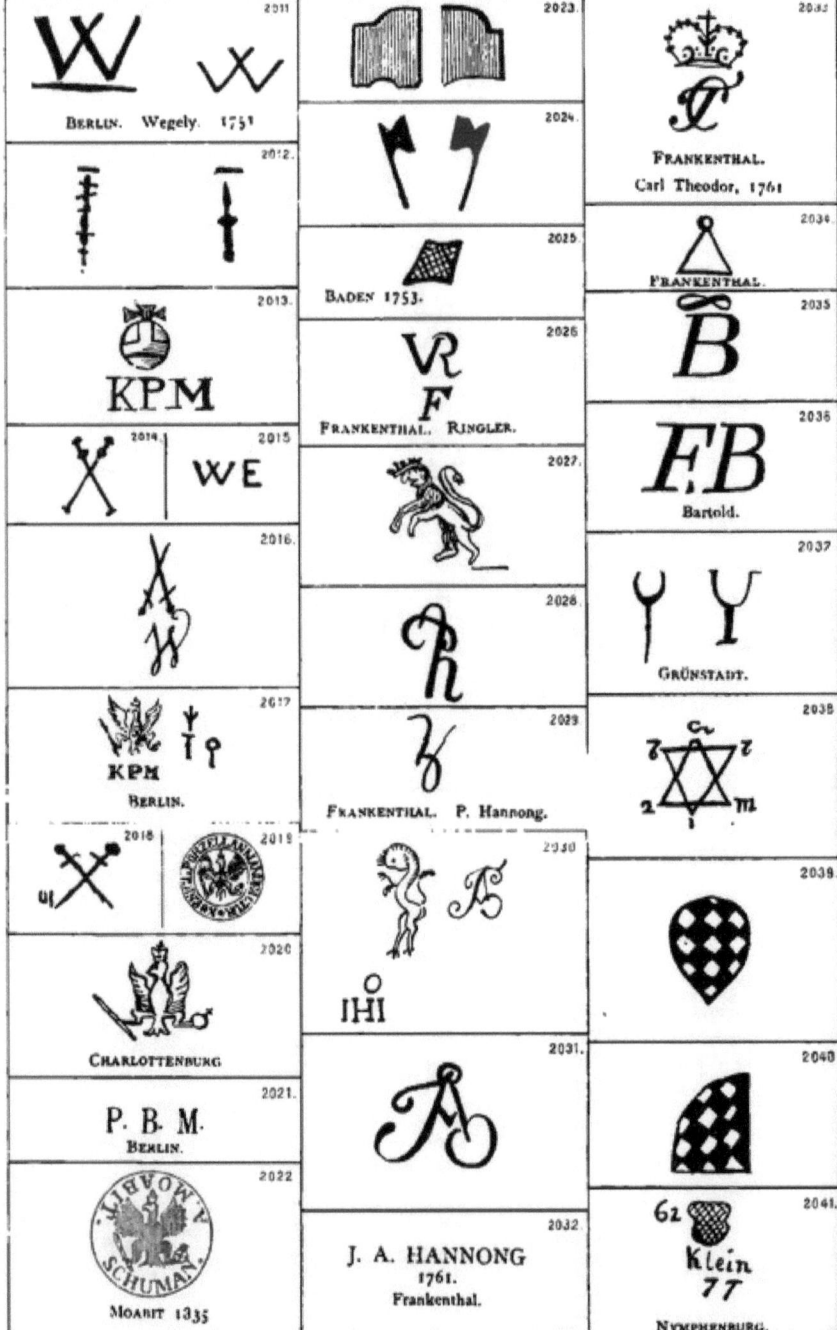

2042	2052 LUDWIGSBURG, 1818.	2062
2043 I.A.H *1778* D.17.8	2053	2063
2044 NYMPHENBURG.	2054	2064
2045	2055 LUDWIGSBURG.	2065 VOLKSTEDT.
2046	2056 KELSTERBACH 1756.	2066 HILDESHEIM, 1760.
2047 LUDWIGSBURG, 1806.	2057	2067 RAUENSTEIN, 1760.
2048	2058	2068 WALLENDORF. 1762.
2049	2059	2069
2050 1806—1818.	2060	2070
2051 LUDWIGSBURG.	2061 RUDOLSTADT.	2071 GROSSBREITENBACH. 1770.

— 76 —

2072.	2083.	2094. *Gotha.*
2073.	2084. KLOSTER VEILSDORF.	2095. R
2074. GROSSBREITENBACH?	2085. G	2096. G / G
2075. L or L	2086.	2097. GOTHA
2076. o o ⁺o o	2087. G GERA, 1780.	2098. │ ALT-HALDENSLEBEN. Nathusius
2077.	2088. L BREITENBACH.	2099. WÜRZBURG.
2078.	2089. L L ILMENAU.	2100. ARNSTADT.
2079.	2090. F	2101.
2080. R	2091. + FULDA.	2102.
2081.	2092. CASSEL, 1763.	2103. ND
2082. LIMBACH, 1761.	2093. R. g. REGENSBURG.	Ungewisse Deutsche Marken.

FRANKREICH.
PORZELLAN.

No.	Mark	No.	Mark	No.	Mark
2104	k	2117 / 2118	H / PH	2128	8 6ze 1764
2105	L E	2119	B R — Strassburg, 1752. Hannong.	2129	B 1760 1768 / L
2106	N. S.	2120	(mark)	2130	B — Paris. Brancas Lauraguais.
2107	r.	2121	Z v. — Strassburg?	2131	(three triangles)
2108	F S	2122	X	2132	(scales with fleur-de-lis) — Orleans. G. Daraubert.
2109	R. B. 1750.	2123	X	2133	B. — Orleans. Bourdon 1765.
2110	k	2124	(caduceus) — Strassburg?	2134	BL
2111	(vase)	2125	(mark) — Strassburg. Hannong.	2135	BL orléans Orleans. Bénoist Le Brun, 1808-1811.
2112	L	2126	h — Strassburg.	2136	L. B — L. Broilliet.
2113	D. P.	2127	H. H. H — Strassburg. Hannong.	2137	AD — Paris. "Gros Caillou" 1773. Advenir Lamarre.
2114	HK				
2115	k				
2116	G. B. F. 1783. Ungewisse Deutsche Marken.				

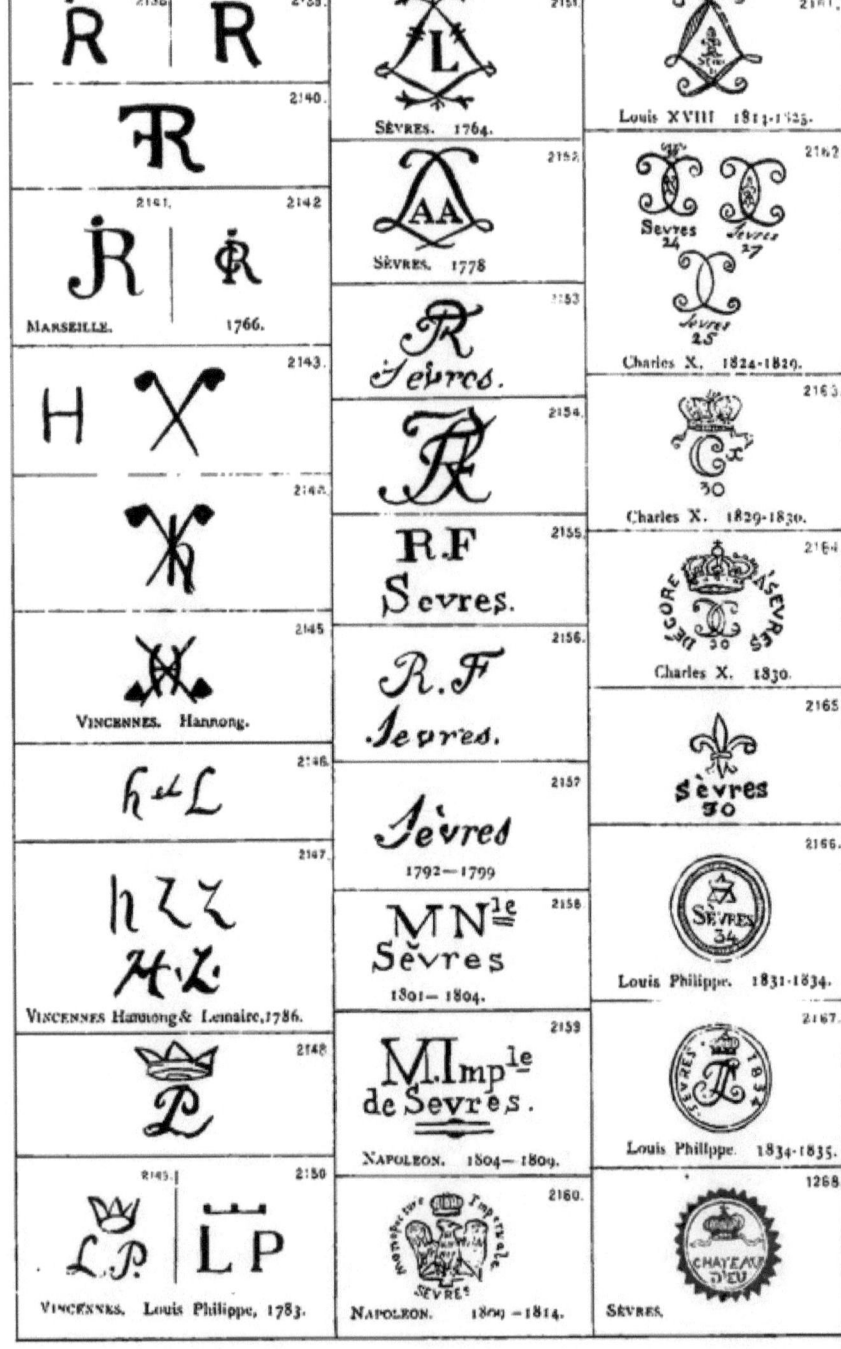

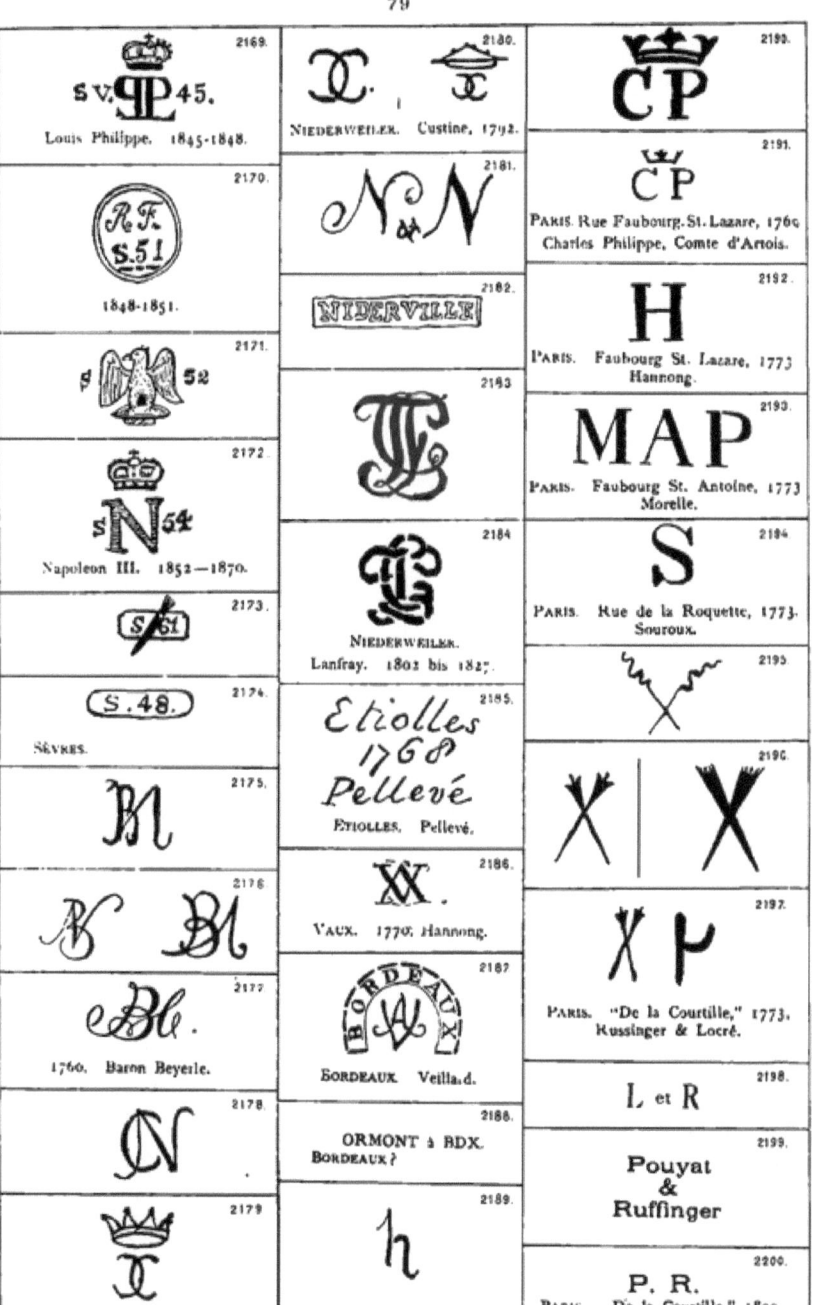

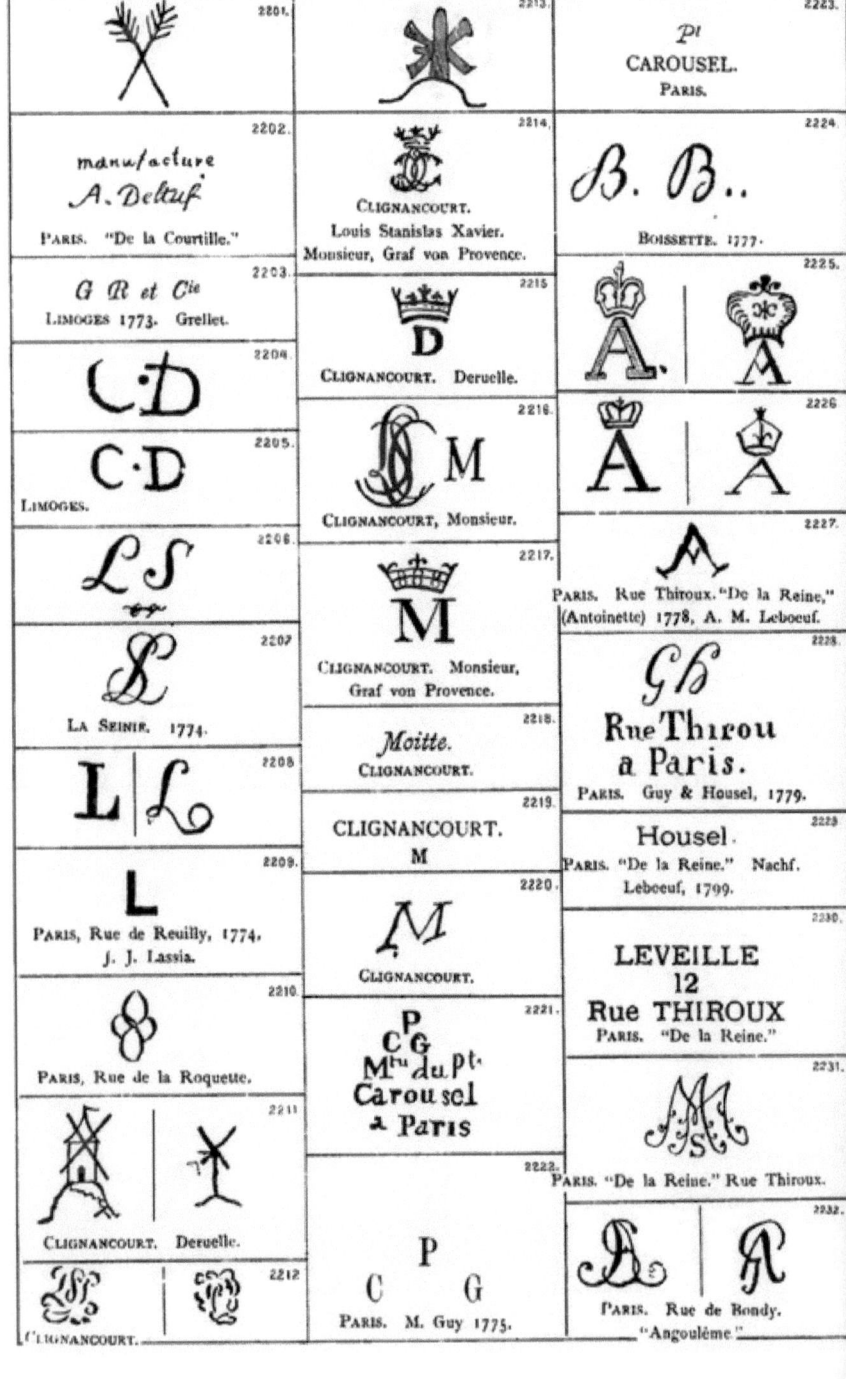

2265. F. M. HONORÉ Paris. Boulevard St. Antoine. 1785.	**2276.** *Chatillon* Chatillon (Seine). 1775.	**2289.**
2266. Mture de MADAME DUCHESSE D'ANGOULÊME Dagoty. E. Honoré, PARIS.	**2277.** FLEURY. Paris. Rue Faubourg St. Denis M. Flamen Fleury. 1773.	**2290.**
2267. F. D. HONORÉ à Paris. Paris. Boulevard St. Antoine	**2278.** ✝ o B Bourg la Reine.	**2291.** · C
2268. R. F. DAGOTY. Paris. Rue St. Honoré.	**2279.**	**2292.** Vᵉ M & C
2269. R. C. P. 1	**2280.**	**2293.** m S
	2281.	**2294.** SMD
2270. B Potter 42 Paris. Rue de Crussol, 1789, Charles Potter.	**2282.** E B	**2295.** V
	2283.	**2296.** MD
2271. E. B. Paris. Rue de Crussol.	**2284.**	
2272. PONTEINX ce 10 Juin 1790. Klein.	**2285.** L 23	**2297.** T G. C. Paris
2273. CAEN Caen. 1798—1808.	**2286.** D et Cⁱᵉ à Paris.	**2298.** REVIL Rᵘᵉ Neuve des Capucines
2274. caen	**2287.** L C L C	**2299.** *L. Gardie à Paris.*
2275. *Le françois à Caen.* Caen. 19. Jahrhundert.	**2288.** Ungewisse Marken auf französischem Porzellan	**2300.** *Lerosey 11 Rue de la paix*

Holland.			
2301. W	2313. AD / 2314. A — AMSTEL. A. Dareuber, Director	2324. ♛B / ♛B	
2302. ⚔	2315. Amstel — NIEUWE AMSTEL, Dommer & Co.	2325. ♛B× — BRÜSSEL.	
2303. ⚔	2316. A: Lafond & Comp à Amsterdam — AMSTERDAM. 1810.	**Schweiz.**	
2304. W J:Haag — WEESP.	2317. (bird)	2326. ZZ	
2305. ℒM W / 2306. M W — WEESP. LOOSDRECHT.	2318. (bird)	2327. Z — ZÜRICH. 1759.	
2307. Mo L		2328. ℳ	2329. G.
2308. M*oL	2319. (bird) — HAAG. 1775—1786.	2330. Gide 1789. — NYON. 1780.	
2309. M:oL — LOOSDRECHT.	**Belgien.**	2331. (fish)	
2310. (lion rampant)	2320. .B.	2332. (fish) — NYON, 1780-1790. Genese.	
2311. (lion)	2321. L'Crette de Bruxelles rue D'Arenberg 1791.	**Dänemark.**	
	2322. L.C. Ebenstein	2333. H:Ondriip	
2312. Amstel. — OUDE AMSTEL. 1782.	2323. L.C. — BRÜSSEL. L. 'Cretté.	2334. ✠	
		2335. ≈ — COPENHAGEN. 1772.	

England. Porzellan.			Gegenwart: Frankreich.
2363 XII 2s / N	2370 X 1776 I		2379 G BAYEUX BAYEUX. Seit 1810.
2364 2 / 2	2371 B 7		2380 6 V 6
2365 2 PLYMOUTH. 1768–1772.	2372 X X 1.		Blois.
2366 PLYMOUTH March 14 1768 C"T Cookworthy.	2373 T°		2381 L R BORDEAUX. Lahens & Rateau, 1826.
	2374 2 X BRISTOL Champion 1770–1777.		2382 H o F C D BOULOGNE. M. Haffringue.
2367 M' W Cookworthy's Factory Plymouth ·1770· PLYMOUTH.	2375 B		2383 B la R Bourg la Reine.
	2376 X		2384 2 + Bourg la Reine. Chapelle.
2368 New Hall SHELTON.	2377 X 7.		2385 M A CHANTILLY. M. Aaron.
			2386 CHANTILLY
2369 X + BRISTOL 1770–1777.	2378 X X BRISTOL 1770–1777.		2387 CASAMENE, bei BESANÇON.

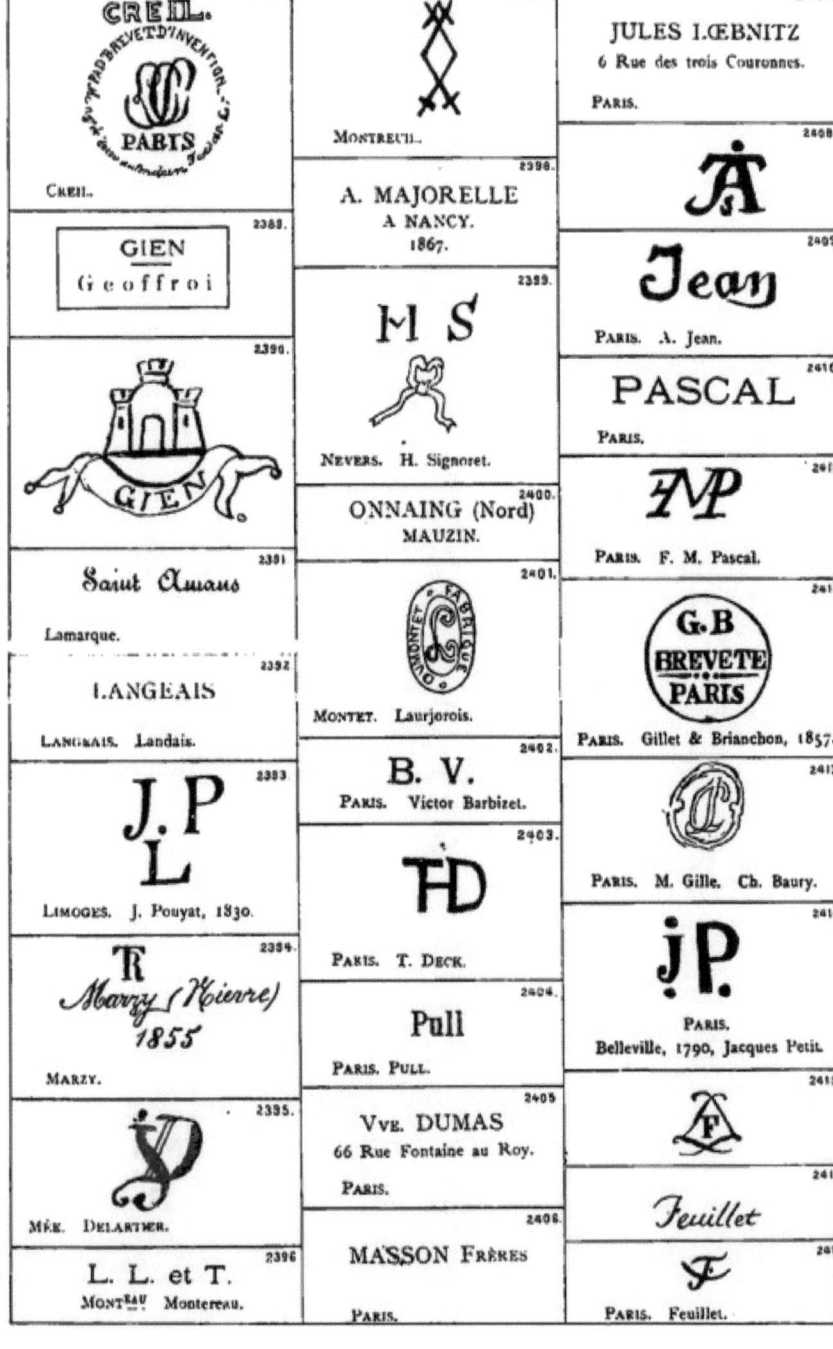

2418. *Schoelcher.* PARIS. Boulevard des Italiens.	2430. *Genlis et Rudhardt* PARIS. Genlis & Rudhardt.	2440. JL
2419. C. H. PILLIVUYT & Cie Paris. PARIS. FOESCY. MEHUN.		2441. J.L.
2420. Manufacture de Foëscy, Passage Violet, No. 5. R. Poissonnière, à Paris. PARIS. M. Cottier.	2431. H PARIS. J. C. Houry.	2442. T PREMIÈRES. Lavalle.
2421. Monginot 20 Boulevard des Italiens. Paris. Monginot.	2432. HP PARIS. H. Pinart.	2443. J S L PREMIÈRES. Lavalle.
2422. *flan* PARIS.	2433. H. PINART PARIS.	
2423. A. Bidot PARIS.	2434. PH PARIS. A. Portalès-Brize.	2444. A. D. T. RUBELLES, 1856. Baron de Tremble
2424. AB. PARIS. A. Bidot.	2435. T PARIS. L. Toselli.	2445. Rubelles S et M
2425. L PARIS. Lessore.	2436. LUIGI TOSELLI PARIS.	2446. P. B. C. NISMES. Plantier, Boncoirant & Co
2426. HB. PARIS. Hélène Bossé.	2437. S. PARIS. Société de la Rue Chaptal.	2447. SA ST. AMAND. M. de Bettignies.
2427. M B PARIS. M. Bouquet.	2438. G PARIS. J. Gouillet.	2448. S. Clément.
2428. M. Bouquet	2439. H PARIS. C. Houry.	2449. Manufacture de Saint Clément.
2429. A G PARIS. A. Gavrion.		2450. GALLE NANCY. Saint Clément.

2475. MINTON. STOKE.	2486. I. D.	2497. C. G. NÜRNBERG. C. Goss.
2476. RUBELLA TUNSTALL. G. F. Bowers.	2487. ℋ𝒟 TURIN. J. Devers.	2498. ✚✚ PLAUEN. Schierholz.
Italien.	Deutschland.	2499. PROSKAU
2477. £G GUBBIO. Carocci, Fabri & Co. 1862.	2488. ⊕ D DAMM. 1825.	2500. N & Cie
2478. G̃	2489. 𝒮	2501. [crowned shield — CHINA SARREGUEM...]
2479. G.	2490. 𝒮 (in shield) EISENACH. A. Saeltzer.	
2480. Giustiniani I⚱N NEAPEL. Giustiniani.	2491. M·H Gr GRENZHAUSEN Merkelbach & Wick.	2502. Sarreguemines SAARGEMÜND Utzschneider & Co.
2481. F. & G. Colonnese NEAPEL.	2492. HORNBERG	
2482. F. D. V. N. NEAPEL. F. del Vecchio.	2493. B. L	2503. VILLEROY & BOCH. METTLACH.
2483. R.	2494. ℬ R	2504. SCHRAMBERG
2484. G. R.	2495. B SEPT FONTAINES. BOCH. 1806.	2505. ZELL.
2485. ℛ MAILAND. G. Richard & Co.		

2532. MIRAGIA Porto.	2539. **Rußland.**	2549. DELFT. Ghisbrecht Kruyk, 1645.
2533. Malta.	2540. Stawsk.	2550. DELFT. Gerrit van der Hoeve, 1649.
Belgien.	2541. I.R	2551. I V K DELFT. Jeronimus van Kessel, 1655.
2534. BLC ANDENNES. B. Lammens.	**NACHTRAEGE** Fayence. 2542. DELFT. A. Reygens, 1663.	2552. A·J· DELFT. Ary Jans.
2535. A.D.W. ANDENNES. A. Van der Waert.	2543. TOME SWA DELFT. Thomes Jansz, 1590.	2553. F.V.FRYTOM DELFT. 1658.
2536. C & C. Maastricht.	2544. DELFT. Gerrit Hermansz. 1614.	2554. J D H DELFT. Jan van den Houk, 1659.
Schweiz. 2537. ZIEGLER-PELLIS SCHAFFHAUSEN.	2545. C DELFT. Cornelis Cornelisz, 1628.	2555. DELFT. Jans Kulick, 1662.
Dänemark. 2538. B & G COPENHAGEN. Bing & Grondahl, 1850.	2546. LG DELFT. Lambrecht Ghisbrechts, 1640.	2556. CK
Schweden.	2547. 6/16 1657 DELFT. Jsaack Junius, 1640.	2557. CK DELFT. Cornelis de Keiser, 1668.
2539. GUSTAFSBERG GUSTAFSBERG. 1820.	2548. AK DELFT. Albrecht de Keiser, 1642.	2558. P P DELFT. Jan Pieters, 1668.
		2559. F 1.6.8.0 DELFT. Flyt Byckloh.

2560. **A J** DELFT. Ary Jans van der Meer, 1671.	2569. **Roos** DELFT. de Roos.	2578. **L D** DELFT. Lucas van Dale, 1692.
2561. DELFT. M. Gouda, 1671.	2570. **D.K boot 1700** DELFT. Dirck van der Kest. de boot.	2579. **blompot** DELFT. de blompot.
2562. **R R** DELFT. Jacobus Pynacker, 1672.	2571. **J K** DELFT. Jacobus Kool, 1676.	2580. **C . V . S** DELFT. Corn. van Schagen, 1694.
2563. **GK** DELFT. Gerrit Kam, 1674.	2572. **D:V:schü** DELFT. Dirck van Schie, 1679.	2581. **C K 1729** DELFT. Corn. van der Kloot.
2564. **astonne**	2573. **L G R** DELFT. Joh. Groen, 1683.	2582. **VB 7/3** DELFT. Jan v. d. Buergen, 1695.
2565. **L** DELFT. Jan van der Laen, 1675.	2574. **R R** DELFT. Adrian Pynacker, 1690.	2583. **A / J D B / 104** DELFT. Jan van der Buergen.
2566. **L K** DELFT. Lucas van Kessel, 1675.	2575. **P** DELFT. Pieter Poulisse, 1690.	2584. **C W** DELFT. C. Witsenburg, 1696.
2567. **AK XK** DELFT. Amerensie van Kessel, 1675.	2576. **✱** DELFT. Th. Witsenburgh, 1690. de witte Star.	2585. **Reinier** DELFT. Renier Hey, 1697.
2568. 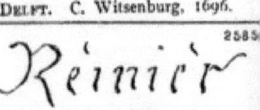 DELFT. de Roos.	2577. **j D W** DELFT. Johannes van der Wal, 1691.	2586. **WK. WK** DELFT. Willem Kool, 1697.
		2587. **K** DELFT. Joh. Knötter, 1698.

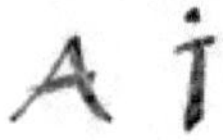

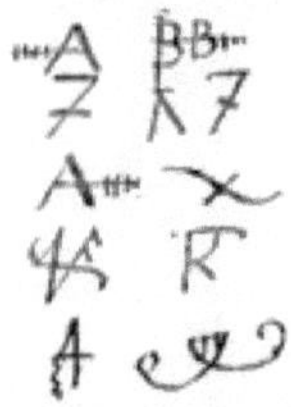

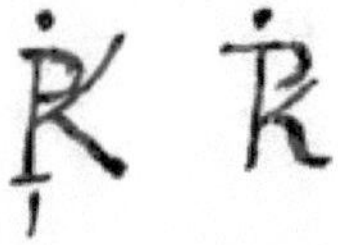

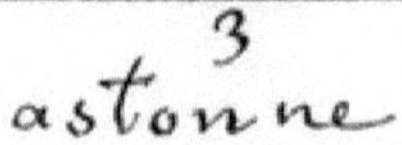

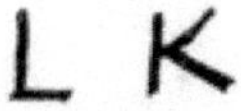

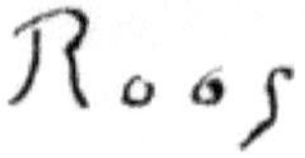

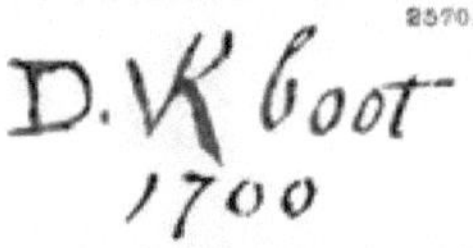

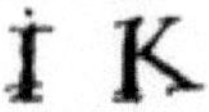

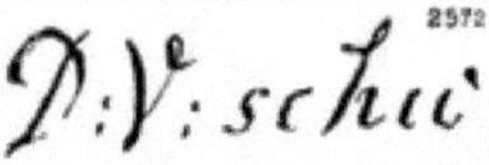

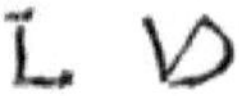

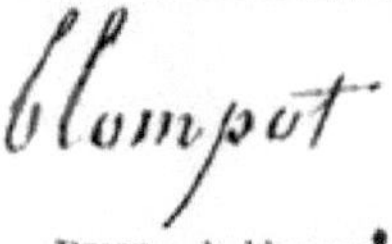

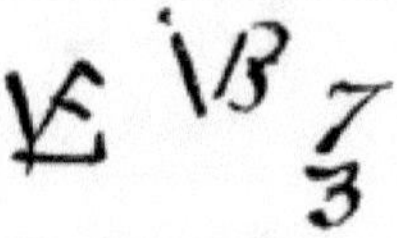

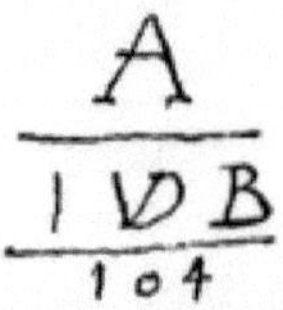

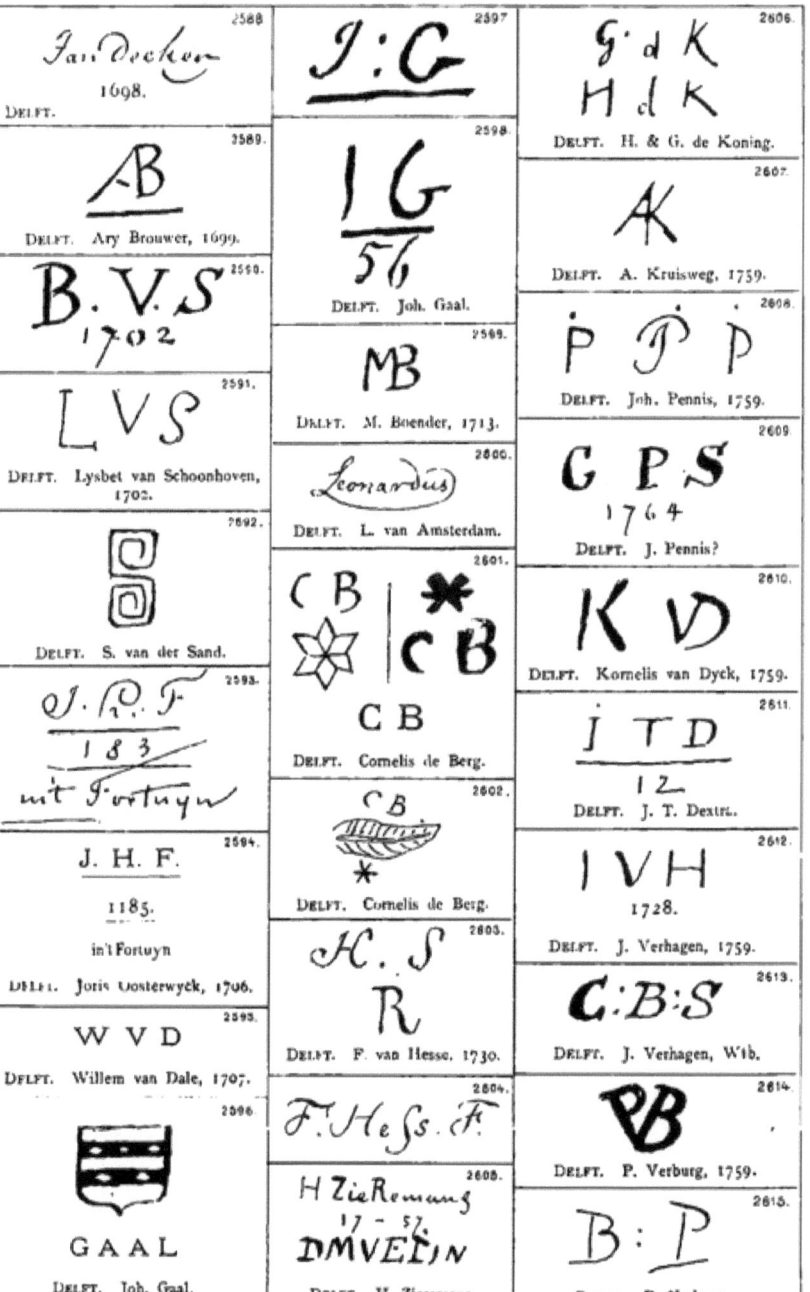

2616. M DELFT. P. van Marum.	**2626.** D S K de dubbelde Schenkkaan T. Spaandonck.	**2636.** D H L DELFT. Dirck Harlees, 1795.
2617. P. V:M DELFT. P. van Marum.	**2627.** G. v. S	
2618. I D M DELFT. Jac. de Milde, 1759.	**2628.** G V S DELFT. Geertruy Verstelle.	**2637.** l pot kan a Vd Keel 1791 DELFT. Abr. van der Keel.
2619. a. Dv D b. E 3 / O ∧ U DELFT. D. van der Does.	**2629.** M D K 17.64 DELFT. H. van Middeldyk?	AREND DE HAAK **2638.** DELFT. J. S.
2620. B [symbol] DELFT. Justus Brouwer.	**2630.** H B DELFT. Hugo Brouwer.	
2621. W v D B 5. DELFT. Wittwe v. der Briel.	**2631.** AK AK A K * DELFT. A. Kiell.	**2639.** I V P & C DELFT. J. Van Putten & Co. 1830-1850.
		2640. wK DELFT.
2622. j D A DELFT. Joh. den Appel	**2632.** I V K DELFT. J. van der Kloot.	**2641.** ✦ ✦ LILLE.
2623. H v H 1. 2. DELFT. H. van Hoorn.	**2633.** A / A TH TH / 12 DELFT. J. Halder.	**2642.** D'ARDVS 1739 ARDUS.
2624. H V hoorn DELFT. H. van Hoorn.	**2634.** H L O DELFT. J. Harlees.	**2643.** D ARDUS.
2625. C Verhaast DELFT.	**2635.** H DOCCIA.	**2644.** I. H. REGENSBURG.
		2645. ♛ GINORI

ZUSÄTZE UND BERICHTIGUNGEN.*

M. 848 lies Delft, A. Reygens statt Paris, C. Révérend.
„ 849⎱
„ 850⎰ „ Delft statt Révérend.
„ 1390 ergänze A. Kiell.
„ 1391⎱
„ 1392⎰ „ Justus de Berg.
„ 1393⎱
„ 1394⎰
„ 1395⎰ „ Adrian Keiser.
„ 1400 „ Cornelis van der Hoeve.
„ 1412 lies J. van der Kloot statt de Romeyn. P. van Marum. 1764.
„ 1415 ergänze Rochus Hoppestein.
„ 1427 streiche T. Spaandonk, 1764.
„ 1434 lies Adrian Pynacker statt S. P. Roerder.
„ 1434⎱
„ 1443⎰ „ Samuel van Eenhorn statt S. van der Even.
„ 1456 ergänze L. van Amsterdam.
„ 1462 „ Lambert Cleffius.
„ 1467 „ Ghisbert Kruyck.
„ 1468 „ H. de Koning.
„ 1472 „ Jan de Weert.
„ 1473 „ Jan Gronlant.
„ 1474 „ Joh. Kruyck.
„ 1475 „ Pieter Jeronimus.
„ 1476 „ Lambert van Eenhorn.
„ 1477 „ Jan van der Laen.
„ 1479 „ Jan van der Burgh.
„ 1480 „ J. van der Heul.
„ 1484 „ Lambert van Eenhorn.
„ 1487 „ J. Pennis.
M. 1488 ergänze J. Pennis.
„ 1489 „ P. van der Briel.
„ 1491 „ P. van der Stroom.
„ 1492⎱
„ 1493⎰ „ de Roos.
„ 1494⎱
„ 1495⎰ „ L. van Amsterdam.
„ 1496⎱
„ 1497⎰ „ L. Fictoor.
„ 1498 „ W. Kleftius.
„ 1499 „ C. de Berg.
„ 1501⎱
„ 1502⎰ „ Adrian Pynacker.
„ 1506 „ J. T. Dextra.
„ 1508 „ J. W. Hoppestein.
„ 1509 „ L. Fictoor.
„ 1510 „ F. van Hesse.
„ 1514 „ L. van Amsterdam.
„ 1522 „ Adrian Pynacker.
„ 1525 „ C. van der Hoeve.
„ 1541 „ J. T. Dextra.
„ 1542 „ J. W. Hoppestein.
„ 1544 „ Damis Hofdick.
„ 1547 „ J. Gronlant?
„ 1554 „ F. van Hesse.
„ 1555 „ Pieter Kam.
„ 1556 „ Ghisbert Kruyck.
„ 1558⎱
„ 1559⎰ „ Rochus Hoppestein.
„ 1560 „ de Roos.
„ 1561 „ Lucas van Kessel.
„ 1563 „ M. van den Bogaert.
„ 1568 „ Jan van Hammen.

---

* Das Verdienst der Aufklärung so zahlreicher bisher unbestimmter Marken von Delft gebührt der wichtigen, erst kürzlich erschienenen Arbeit von Havard: Histoire de la faïence de Delft, welche allen Freunden der Delfter Fayence zum Studium hier bestens empfohlen werden soll.